Birgit Kelle
Camino. Mit dem Herzen gehen

www.fontis-verlag.com

BIRGIT KELLE

MIT DEM HERZEN GEHEN

`fontis

Bibliografische Information der Deutschen Nationalbibliothek
Die Deutsche Nationalbibliothek verzeichnet diese Publikation in der
Deutschen Nationalbibliografie; detaillierte bibliografische Daten sind
im Internet über www.dnb.de abrufbar.

Der Fontis-Verlag wird von 2021 bis 2024
vom Schweizer Bundesamt für Kultur unterstützt.

© 2021 by Fontis-Verlag Basel

Die Bibelstellen wurden, soweit nicht anders angegeben,
folgender Übersetzung entnommen:

Revidierte Einheitsübersetzung 2016

Umschlag: Carolin Horbank, CaroGraphics, Leipzig
Foto Umschlag: ©stock.adobe.com/vicenfoto
Konzeption & Satz: Carolin Horbank, CaroGraphics, Leipzig
Druck: Finidr
Gedruckt in der Tschechischen Republik

ISBN 978-3-03848-230-7

Inhaltsverzeichnis

VORWORT	MEINE ROTEN SCHUHE SIND BLAU	7
KAPITEL 1	AUFBRUCH	15
KAPITEL 2	DU MUSST IHN MIT DEM HERZEN GEHEN	25
KAPITEL 3	FOLGE DER MUSCHEL!	31
KAPITEL 4	BALLAST ABWERFEN	35
KAPITEL 5	BACK TO THE ROOTS	41
KAPITEL 6	CAMINO-WUNDER	47
KAPITEL 7	DER TEUFEL FÄHRT TAXI	52
KAPITEL 8	GEFÄHRTEN	55
KAPITEL 9	NACH VORNE BLICKEN? ODER ZURÜCK?	59
KAPITEL 10	RITTERLICHKEIT	67
KAPITEL 11	DER ANDERE SCHMERZ	72
KAPITEL 12	AUF ABWEGEN	75
KAPITEL 13	KAPITULATION	81
KAPITEL 14	MORGENGLÜCK	87
KAPITEL 15	WENN ES NACHT WIRD IN DER HERBERGE	91
KAPITEL 16	OFFENBARUNG	99
KAPITEL 17	ANKOMMEN	109
ANHANG	DIE AUTORIN / BILDNACHWEISE	116

VORWORT

Meine roten Schuhe sind blau

«Mein nächstes Buch heißt dann wohl *Witwe mit 40.*» Ich saß auf den Treppenstufen vor der Schlafzimmertüre und hörte zu, wie man meinen Mann reanimiert. Es war genau ein Tag vor meinem 41. Geburtstag, und es war der erste Satz, der in meinem Kopf Form annahm. Gut, dein Humor ist zumindest noch nicht tot, dachte ich spontan. Erstaunlich, was einem an der Schwelle zwischen Leben und Tod so durch den Kopf geht. Unter anderen Umständen hätte ich es wahrscheinlich sogar lustig gefunden. Nun saß ich aber selbst dort. Es hätte sicher eine gute Filmszene abgegeben, das hier war aber der surreale Rest, der gerade von meinem Leben übrigblieb.

«Du musst jetzt sofort mit dem Rauchen aufhören». Das war der zweite Satz. Ach was, es war kein Satz, es war ein Donnerhall, eine felsenfeste Erkenntnis, nicht mehr diskutabel. Es ist so unfassbar unvernünftig, was du da tust, schimpfte mein besseres Ich. Vielleicht bist du gleich Witwe, und diese vier Kinder brauchen jetzt eine Mutter, die kerngesund ist.

Mit dem Rauchen habe ich wirklich und sofort aufgehört. Witwe bin ich nicht geworden, stattdessen bin ich wahrscheinlich genau an diesem Tag losgegangen – auf dem Jakobsweg angekommen bin ich damit aber erst vier Jahre später. Das Losgehen im spanischen León fühlte sich dann wie ein Ankommen an, das Ankommen in Santiago de Compostela hingegen wie ein riesiges großes Loch. Aber ich will nicht vorgreifen, denn auch das war nicht das Ende dieses Weges.

Wir brauchen noch ein Vorwort, hatte mein Agent gesagt, nachdem ich ihm den ersten Entwurf meiner Notizen zum Lesen geschickt hatte. Es brauche noch eine Erklärung für dieses Buch. Und das sei noch nichts Richtiges, eher so ein dahingerotztes Tagebuch. Ja, ja, ja! Genau. Ich hatte das auch gar nicht für ihn geschrieben, oder für Sie oder für sonst jemanden, sondern vor allem erst einmal für mich. Weil ich all das, was sich an Gedankenfetzen und Erkenntnissen auf meinem Weg sammelte, nicht vergessen wollte. Weil ich als Autorin dieses Phänomen schon kennen gelernt habe, dass man grandiose Gedanken hat, während man läuft oder im Garten in der Erde wühlt, und wenn man es nicht sofort aufschreibt, ist es weg. Für immer verloren.

Seither renne ich in der Regel mit einem kleinen Notizblock durch die Gegend. Ich habe schon ganze Essays in Ermangelung von Stift und Papier aus Verzweiflung in mein Smartphone getippt und mir selbst zugemailt.

Das Losgehen im spanischen León fühlte sich dann wie ein Ankommen an, das Ankommen in Santiago de Compostela hingegen wie ein riesiges großes Loch.

Und diese Marie, die Sie da getroffen haben, die läuft wirklich schon seit sieben Jahren?, fragt mein Agent. Warum tut sie das? So eine kleine Frage, und doch erschüttert sie manchmal wie ein Erdbeben. Warum Marie läuft und läuft und läuft und nicht mehr nach Hause geht, ich kann es nicht genau sagen. Ich habe sie nicht gefragt, weil ich wusste, sie hätte es mir selbst erzählt, wenn es etwas wäre, worüber sie reden will. Ich habe ja schon Schwierigkeiten genug, in Worte zu fassen, warum *ich* laufe. Obwohl ich mein Leben lang das Wandern gehasst habe. Warum ich losgegangen bin, oder sollte ich besser sagen, warum ich aufgebrochen bin? Wie soll ich da noch erklären, warum es andere tun?

Du hast vielleicht die Gabe, etwas stellvertretend für viele aufzuschreiben, hat man mir schon gesagt. Ich will keine Gabe haben, ich will meine Ruhe. Eine Gabe zu haben ist eine ständige Aufforderung, eine Aufgabenstellung, eine Erwartungshaltung. Darf man Gaben einfach links liegen lassen? Nicht nutzen, verkümmern lassen oder sich ihnen verweigern? Ich habe ja nicht darum gebeten. Und so musste auch dieses Buch zwei Jahre warten auf den richtigen Zeitpunkt. Abstand gewinnen zu den Ereignissen, zur Ruhe kommen.

Warum? Die Frage tauchte in den vergangenen Jahren und auch auf diesem Weg immer wieder auf, auch in ihrer Umkehrung: Warum nicht? Warum habe ich dieses getan und jenes gelassen? Warum habe ich damals nicht den Mund aufgemacht, bei jener Gelegenheit die rechte und nicht die linke Türe genommen? Warum tue ich Dinge, die ich nicht will? Und lasse andere, obwohl ich sie wirklich dringend möchte? Warum kämpfe ich an manchen Fronten ganze Schlachten unerschrocken im Alleingang und metzele alles nieder, was sich mir in den Weg stellt, und schwenke an anderer Stelle widerstandslos weiße Fahnen und ergebe mich kampflos und freiwillig?

Das Warum meines Lebens hatte mich mit voller Wucht auf dieser Treppenstufe erwischt; ich war allerdings noch lange Zeit zu sehr mit dem realen Überleben befasst, um mich diesen Fragen zu stellen.

Sie holen einen aber irgendwann zuverlässig ein. Dann, wenn es still wird. Dann, wenn man aus Versehen die Türe zu den Gedanken nicht ganz zumacht. Mich muss man immer erst zwingen, ich mache sowas nicht freiwillig. Aber ich erinnere mich auch gut an den dritten Satz, der mich auf dieser Treppenstufe eiskalt erwischt hatte: «Vielleicht wirst du ja einen Tag vor deinem 41. Geburtstag endlich erwachsen.»

Die eigene Verantwortung für mein Leben, die ganze Last brach über mir zusammen, und sie wog schwer. Das «Warum?» und das «Warum nicht?» hatten mich tatsächlich eingeholt. Und das war nicht immer schön. Keine Sorge, das wird hier kein Coming-out-Buch, wie manche befürchten oder andere erhoffen mögen, denn ich habe nicht vor, Dinge vorzutragen, die keinen etwas angehen. Aber es wird auch kein Reiseführer, denn davon gibt es auch für den Jakobsweg schon genug und bessere. Außerdem bin ich nur eine Hälfte dieses Weges gelaufen und will nicht schuld sein, wenn Sie auf der anderen Hälfte verloren gehen. Aber es ist wohl ein kleines Buch über das Aufbrechen, über das «Sich auf den Weg machen». Über die Zweifel und Mühen und die Freuden und Erfolge des Unterwegs-Seins auf einem Weg, den aber über die Jahrhunderte Unzählige vor mir gegangen sind. Jeder hatte seinen eigenen Grund.

«Du bist echt anders», sagte meine Älteste irgendwann. Sie hatte gefragt, woher eigentlich der vier Meter lange dicke Ast eines Baumes her sei, der neuerdings auf meiner Terrasse liegt. Ich hatte ihn nach dem Joggen am Rheinufer gefunden. Er muss dort angespült worden sein an meiner Badestelle. Eines Abends lag er plötzlich da. Er hatte mir gefallen. Treibholz, das mit allen Wassern gewaschen ist, bis es silbern glänzt. Aus ihm sprach ein ganzes langes Leben. Wo mag er all die Jahre gestanden haben? Wer hatte unter seinen Blättern Schutz gesucht? Dieser Baum hatte so viel zu erzählen, wie ein altes Haus, in dessen Mauern Generationen ein und aus gegangen waren. Fast als Respektlosigkeit wirkte es, wie er nun von den Menschen unbeachtet hier lag. Ich konnte ihn einfach nicht dort zurücklassen, habe ihn also kurzerhand zu meinem alten Skoda geschleppt und mit offenem Kofferraum nach Hause geschafft. Da liegt er jetzt auf meiner Terrasse als Altersruhesitz, und ich freue mich jedes Mal, wenn ich ihn sehe, dass ich es wirklich getan habe. Erst kürzlich hat er noch einen kleinen Bruder hinzugewonnen. «Du bist echt anders», sagt meine Tochter also lachend, und ich nehme es als Kompliment.

Wenn «anders sein» bedeutet, dass ich heute spontanen Eingebungen besser folge, meiner Intuition wieder vertraue und Dinge tue, auch wenn mich andere dann für wahnsinnig erklären, dann bin ich gerne anders. Und mein letztes Buch hieß dann doch nicht «Witwe mit 40», sondern «Sind Sie noch normal?» Wer ist das schon, wie oft und warum?

Ich sei in der Midlife-Crisis, sagen manche spöttisch. Krise? Oh ja, gebt mir mehr davon. Es gibt nichts Besseres als Krisen, um der Wahrheit näher zu kommen, auch jener, die man nicht gerne hört und der man seit Jahren aus dem Weg geht. Ich weiß, dass ich in den ganz dunklen Tagen der sehr realen Krise nicht einmal gewagt hatte, mir auch nur ein paar Minuten Verzweiflung zu gönnen, aus lauter Angst, dass ich nie wieder aufstehe, wenn ich mich meinen Sorgen und Nöten erst einmal hingebe. Ich hatte keine Zeit für Sorgen, nicht einmal für eine kleine Midlife-Crisis. Sollte es für das Wort «alternativlos» jemals eine angemessene Situation gegeben haben, dann beschrieb es damals mein Weitermachen, mein Nichtaufgeben. Ich war der Fels in der Brandung, an dem sich alle festhielten. Die, die alles zusammenhielt. Das «Muttertier», so wie eines meiner anderen Bücher heißt.

> Es gibt nichts Besseres als Krisen, um der Wahrheit näher zu kommen, auch jener, die man nicht gerne hört und der man seit Jahren aus dem Weg geht.

Und vielleicht wäre ich wieder zurückgefallen in den alten gewohnten Trott, wäre nicht auch ein weiterer Gedanke wieder aufgekeimt, nachdem die ersten Schrecksekunden verstrichen waren und ich feststellte, was ich alles kann, wenn ich muss. Nämlich mehr, als ich mir selbst je zugetraut hatte.

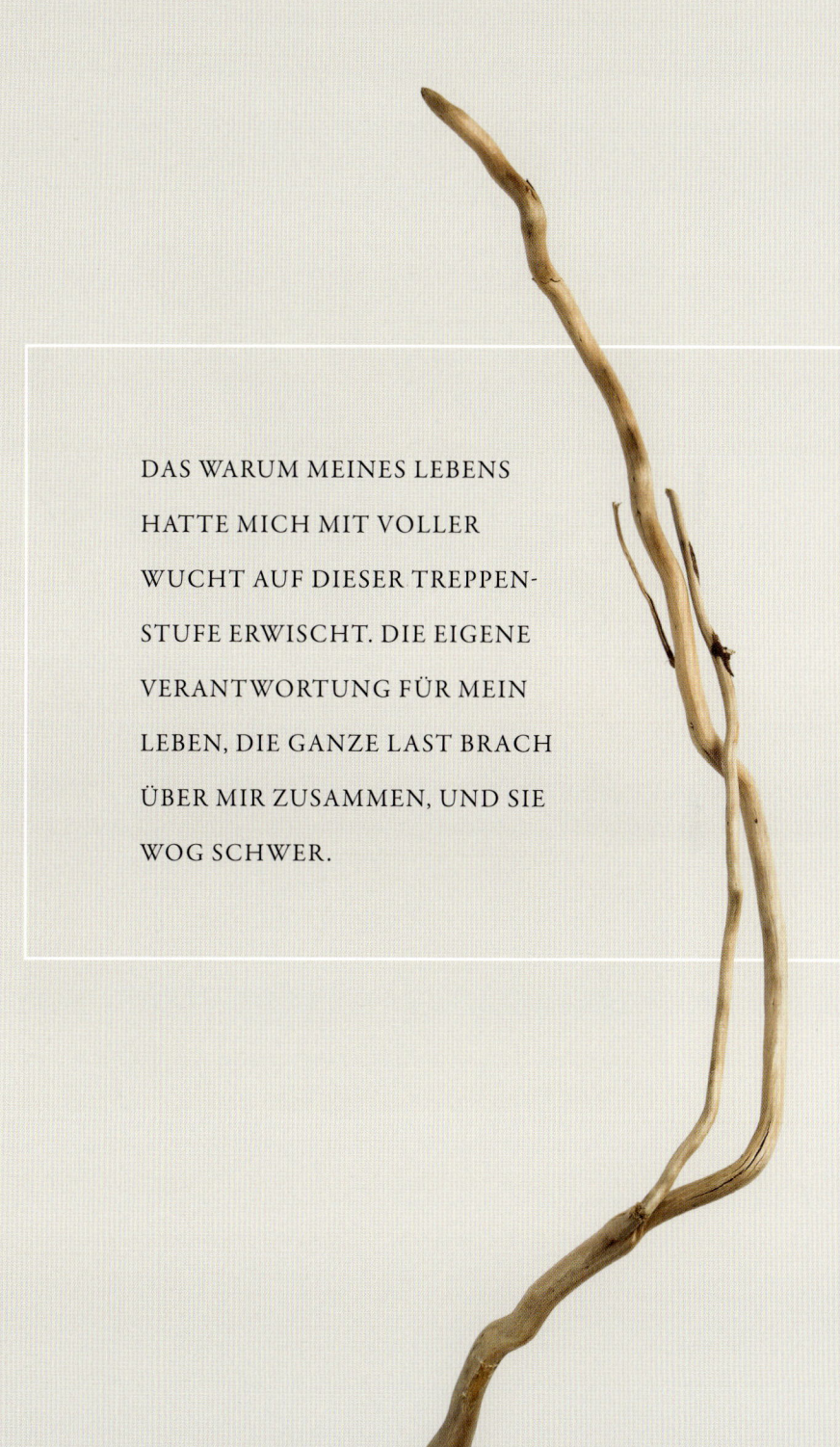

DAS WARUM MEINES LEBENS HATTE MICH MIT VOLLER WUCHT AUF DIESER TREPPENSTUFE ERWISCHT. DIE EIGENE VERANTWORTUNG FÜR MEIN LEBEN, DIE GANZE LAST BRACH ÜBER MIR ZUSAMMEN, UND SIE WOG SCHWER.

Denn da war noch ein vierter, entscheidender Satz, der Form annahm: «Ich werde wieder, wie ich war.» Ich fing an, mich zu erinnern, wer ich bin. Legte Schichten frei, die untergegangen waren. Die ich vergessen hatte.

Man kann jederzeit beginnen, in seinem Leben ein neues Paar rote Schuhe zu schustern als Frau. Meine ersten, die ich als junge Frau begonnen hatte zu tragen, waren mir abhandengekommen. Ich hatte sie mir abnehmen lassen, so wie das Mädchen in Hans Christian Andersens gleichnamigem Märchen. Manchmal aus Bequemlichkeit, manchmal aus Nachlässigkeit, manchmal, weil ich sie auch gerne getauscht habe gegen fremde Schuhe, da diese viel schöner, glänzender und verlockender waren als jene, die ich bereits besaß. Schöner und perfekter als jene, die an meinen Füßen gerade erst Form annahmen.

> Jede Frau hat ihre eigenen roten Schuhe, sie sind manchmal aber auch schwarz oder braun. Entscheidend ist, ob sie uns entsprechen.

Der Scharfrichter, der meinem bisherigen Leben ein Ende setzte, war wenig märchenhaft, sondern ein externer Schicksalsschlag. Ich hatte es nicht gesucht, es hat mich heimgesucht. Ich bin keine Heldin. Es war kein heroischer innerer Impuls, der das Hamsterrad meines Lebens einmal abrupt angehalten hat; ich tat es nicht aus Einsicht, dass es so nicht weitergeht. Das Leben hatte mich schlicht von außen kurz k.o. geschlagen, damit ich mal anhalte.

Und so hatte ich mich aufgerappelt, meine Pflichten erfüllt, die Verantwortungen getragen, die alternativlos schienen, und erst einmal weitergemacht. Zum ersten Mal in meinem Leben musste ich in meinen Schuhen ganz alleine aufrecht stehen.

Jede Frau hat ihre eigenen roten Schuhe, sie sind manchmal aber auch schwarz oder braun. Entscheidend ist, ob sie uns entsprechen. Meine roten Schuhe sind blau. Es sind meine Wanderschuhe, gekauft in strahlendem Himmelblau, das langsam verblasst und schmutzig wird, was ihnen keinen Abbruch tut, sondern ihnen Leben verleiht. Es sind die besten Schuhe, die ich je hatte. Denn es sind jene, in denen ich aufgebrochen bin, und jetzt sind sie langsam eingelaufen.

KAPITEL 1

Aufbruch

Ich hatte vergessen, wie gut eine Tomate schmecken kann. Süß und fleischig, einfach mit etwas Salz bestreut und danach den übrigen Saft auf dem Teller mit der Zunge ablecken, so wie früher als Kind. Für 80 Cent erstanden in einem kleinen Lebensmittelladen am Wegrand, hatte ich sie zwei Tage lang behutsam verpackt in meinem Rucksack mitgeschleppt bis zu diesem Moment in der Gemeinschaftsküche meiner Unterkunft. Stilles Glück.

Nach 28 Kilometern zu Fuß war ich fast weinend in der Herberge angekommen. Ich konnte das Haus schon sehen und musste trotzdem noch einmal Pause machen, mich hinsetzen. Keinen Schritt weiter. Die letzten Meter jeder Schritt ein Kampf. Gegen die Tränen und gegen die Füße. Jetzt endlich aus den nassen Schuhen raus, etwas essen und vor allem: Heute nur noch den Weg bis in mein Bett humpelnd schaffen müssen. Ein großartiger Gedanke. Es ist Tag vier auf meinem Weg auf dem Camino Francés durch die Berge von León.

Seit vielen Jahren begleitet mich der Gedanke, den Jakobsweg zu gehen. Seit genau so vielen Jahren fanden sich immer genug Gründe, es nicht zu tun. Die Kinder, die Arbeit, keine Zeit, jetzt schon mal gar nicht.

Dann die spontane Erkenntnis, dass ich mit dieser Methode ziemlich alt werde, ohne jemals dort gewesen zu sein. Dass mich dieser Weg ruft, schon sehr lange. Dass er geduldig wartet und ich aufbrechen muss, noch dieses Jahr. Ich muss mich auf den Weg machen. Meinen Weg. Unbedingt.

Ich finde in meinem vollen Kalender nur das Zeitfenster vor Weihnachten und gebe mir selbst im Advent zwei Wochen frei für die letzten 300 Kilometer bis nach Santiago de Compostela. Am liebsten würde ich gerne mal ganz abhauen, den ganzen Weg gehen, aber dafür bräuchte ich dann drei

Monate. Das geht nun wirklich nicht. Ich habe Kinder, ich muss arbeiten, ich kann nicht alles stehen und liegen lassen. Aber diese zwei Wochen, die werde ich mir einfach nehmen.

Der innere Schweinehund hat dennoch viele Stimmen. Du hast doch sowas noch nie gemacht. Du hast keine Ausrüstung, kein Training. Und dann als Frau allein, ausgerechnet im Winter? Ist das denn sicher?

Nicht nur ich selbst, auch manche Freunde begegnen meinen Plänen mit Skepsis und Bedenken. Ich kann zusätzlich das gesamte Repertoire des schlechten Gewissens herunterrattern. Es ist doch Advent, du solltest jetzt Plätzchen backen für die Kinder, Lichterketten aufhängen und Geschenke besorgen. Soll es nicht diese besinnliche Zeit sein, in der wir alle auf die Ankunft des Herrn warten? War das Jahr nicht schon anstrengend genug, musst du jetzt auch noch Hunderte von Kilometern Berge hoch und runter marschieren? Bist du nicht schon müde genug? Ich weiß gar nicht, ob mir andere mehr im Weg stehen – oder ich mir selbst. Die etablierten Vorstellungen und Erwartungshaltungen darüber, was man so tut und was nicht, sind auch in mir tief verwurzelt.

> Advent hin oder her, ich werde dem Herrn dann dieses Jahr eben entgegengehen müssen. Wird er auch ein Stück mit mir gehen?

Fast trotzig wehre ich standhaft alle Einwände ab. Advent hin oder her, ich werde dem Herrn dann dieses Jahr eben entgegengehen müssen. Wird er auch ein Stück mit mir gehen? Ich weiß nicht, ob wenigstens Gott Zeit hat, wenn die meine schon so knapp bemessen ist. «Ganz sicher wird noch irgendetwas geschehen, damit Sie denken, Sie könnten nicht fahren und müssten absagen. Das ist völlig normal, beachten Sie es einfach nicht», hatte mir ein befreundeter Priester lapidar und lachend als guten Rat ein paar Wochen vor dem Start präventiv mit auf den Weg gegeben, damit ich standhaft bleibe, sollten sich kurz vor Abreise noch ein paar Apokalypsen ereignen, ein paar Kinder krank werden oder ein paar Beine gebrochen sein. Der echte Pilger geht auch mit Krücken.

Und dann gibt es keine Ausreden mehr. Ich sitze im Flieger nach Spanien. Es fühlt sich immer noch surreal an. Wahrscheinlich werde ich es erst glauben, wenn ich wirklich da bin und die ersten Kilometer hinter mir liegen, dass ich jetzt wirklich zwei Wochen auf Wanderschaft sein soll.

MAN KANN SICH IN DER
UNZUFRIEDENHEIT WUNDERBAR
EINRICHTEN, AUCH MENTAL,
WENN DIE ANGST VOR VERÄNDERUNG
GROSS GENUG IST.

IN WAHRHEIT GEHEN WIR NIE IN DIE
VERHEISSUNG DER FREIHEIT, SONDERN
GEFÜHLT IN DIE LATENTE BEDROHUNG
DES UNGEWISSEN.

Aus der Hektik eines langen Jahres erwartet mich – ja, was eigentlich? Ich weiß selbst nicht genau, was ich suche. Genau genommen versuche ich sogar, meine eigene Erwartungshaltung herabzuschrauben. Versuche, gar nichts zu erwarten, mir nichts vorzustellen, um der Enttäuschung vorzubeugen, dass nicht das eintritt, was ich mir ausgedacht oder gar erhofft hatte. Ich will nicht mit Ansage in die Falle rennen, sondern offen sein für alles und jeden, der meinen Weg kreuzen wird. Offen sein für alles, was kommen mag, auch für das, was ich vielleicht gar nicht suche.

Für das, was mich findet.

Einfach ist das nicht. Ich weiß wirklich gerne, was kommt. Habe die Fäden gerne selbst in der Hand. Mein normaler Alltag mit Beruf, Haushalt und vier Kindern erfordert so viel Planung und Struktur, damit ich alles schaffe, was zu tun ist. Selbstdisziplin. Kontrolle. Es ist fester Bestandteil meines Lebens. Jetzt hatte ich mir selbst unverplante Zeit verordnet. Genommen. Dem Alltag abgerungen. Weil ich instinktiv gespürt hatte, dass ich es brauche.

Jeder hat doch in Wahrheit sehr konkrete Gründe, warum er sich auf so einen Weg macht. Krisen, Probleme, Erschütterungen. Manchmal müssen sie erst sehr groß werden, damit wir den ersten Schritt wagen und das Neue trotzdem angehen, selbst dann, wenn wir nicht wissen, wohin es führt.

«Wir gehen nie in die Freiheit, sondern immer ins Ungewisse.» Ich weiß nicht mehr, in welcher Geschichte ich diesen so wahren Satz vor einer Weile gelesen hatte. In meinem Ringen um Veränderung, um Aufbruch, kam er mir wieder in den Sinn. Er hatte sich in meinen Kopf eingebrannt, weil er mich so viel hat verstehen lassen. Über mich, über andere, selbst über die große Politik. Weil genau genommen die gesamte Menschheitsgeschichte voll ist mit dem Verharren in der «selbstverschuldeten Unmündigkeit» nach Kant, in der Bevormundung, der Unterdrückung, der körperlichen und geistigen Unfreiheit. In der Bequemlichkeit.

Man sagt, Wanderer gehen los, Pilger brechen auf.

Selbst der liebe Gott hatte Schwierigkeiten, das Volk Israel aus der Sklaverei in die Freiheit zu führen. Die Bedenkenträger hatten schon beim Auszug aus Ägypten Hochkonjunktur. Weil wir in Wahrheit nämlich nicht in die Freiheit aufbrechen, ins gelobte Land, auf einen schönen Weg, eine interessante Reise, einen neuen Lebensabschnitt, einen neuen Job, eine neue Beziehung. Man kann sich in der Unzufriedenheit wunderbar einrichten, auch mental, wenn die Angst vor Veränderung groß genug ist. In Wahrheit gehen wir nie in die Verheißung der Freiheit, sondern gefühlt in die latente Bedrohung des Ungewissen.

Ganz abschütteln kann ich meine Erwartungen an diese Wanderschaft dennoch nicht. Man sagt, Wanderer gehen los, Pilger brechen auf. Bei mir brechen vor allem schon im Flieger erst einmal die Augen auf. Seit Tagen unterdrücke ich meine Tränen, es ist, als hätte ich mich wie ein Marathonläufer die letzten Meter bis über die Ziellinie geschleppt, um dann zusammenzubrechen. Ich habe mich selbst in diesen Flieger gerettet, und jetzt ist endlich Zeit, um all das zu beweinen, wofür nie Zeit war. Wahrscheinlich werde ich tagelang heulen. Dann ist es eben so.

> Hoffnung – das Einzige, das größer ist als Angst.

Hoffnung. Ich verspüre auch Hoffnung, sehne sie herbei. Hoffnung auf Ruhe, auf Zeit, auf Freiheit, das Loslassen von Verpflichtungen und Problemen, auf den Raum, um manche unfertigen Gedanken endlich zu Ende zu bekommen. Hoffnung – das Einzige, das größer ist als Angst.

Bay of Biscay

Saint-Jea[n]
Ro[...]
Larrasoana
Pamp[lona]
Puente de [la]
Los Arcos
Logroño
Santo Domingo de la Calzada
Nájera
Belorado
San Juan de Ortega
Hornillos del Camino
Burgos
Castrojeriz
Frómista
Calzadilla de la Cueza
Carrión de los Condes
Sahagún
[Le]ón

Esl[a]
Ebro
Duero
Za[...]

ESPAÑA

«You have to go it by heart,
not by foot.»

KAPITEL 2

Du musst ihn mit dem Herzen gehen

«Hola Peregrina!», ruft mir der Franziskanerpater in seiner braunen Kutte abbremsend zu, als ich im spanischen León die Treppe nach oben zu den Zimmern hetzen will. Die Anreise hat mich einen ganzen Tag gekostet. Mit dem Flieger bis Bilbao an die nordspanische Atlantikküste. Ich will mit dem Bus weiter über Burgos bis León und dort dann zu Fuß Richtung Santiago de Compostela starten. Ich kann überhaupt kein Spanisch und vertraue darauf, dass die Spanier schon wissen, wo ich hinmuss. Hier laufen doch im Normalfall jedes Jahr Tausende mit einem Rucksack durch.

Es wird schon dunkel auf der Fahrt durch die endlosen Felder zwischen Burgos und León. Hier marschieren also die anderen Pilger zu Fuß durch! ... Im Sommer muss dieser Teil der Strecke ein einziges ödes, brütend heißes Elend sein.

Die Sonne wirft ihr flammendes Rot gegen den Horizont im Kampf gegen die anrollende Nacht. Auch im dunklen Bus fließen meine Tränen einfach weiter still vor sich hin. Sie brauchen keinen Grund, keinen besonderen Anlass, der Abfall der Anspannung reicht. Ich bin dankbar dafür, alleine zu sein, nicht angesprochen zu werden, meine Ruhe zu haben.

Mein Reiseführer empfahl für den Winter eines der größeren Pilgerhäuser in León. Es ist nicht Saison auf dem Jakobsweg, die meisten gehen hier im Frühjahr oder zwischen September und Oktober, denn dann herrscht das angenehmste Wetter und man spart die unerträgliche Hitze der Sommermonate aus.

Vieles hat im Winter einfach zu, das soll noch herausfordernd werden. Ich entscheide mich für die Brüder des Franz von Assisi, das kann ja zum Einstieg

nicht verkehrt sein. Die Abendmesse startet genau bei meiner Ankunft an der Pforte. Wie macht man das so als anständiger Pilger? Gehört es sich, am Gottesdienst teilzunehmen in so einem Haus? Ich entscheide mich, vorbildlich zu pilgern, also erst Messe, dann Zimmer beziehen, dann etwas zu essen suchen. Es sind nur eine Handvoll Einheimische in der Kirche, sie schauen mich neugierig an. Pilger im Winter ist wohl doch eher knapp vor Alien. Ich bin hier die einzige Fremde.

In der Kirchenbank plötzlich der Gedanke: Ich sollte jeden Tag für jemanden mitlaufen, der nicht hier sein kann. Nicht nur meine Anliegen und Sorgen mitnehmen und Gott vor die Füße werfen, sondern auch all die Ungerechtigkeiten im Leben meiner Freundinnen. Meine eigenen Probleme kommen mir immer noch banaler vor als so manche Last, die andere tragen. Stell dich nicht so an, dir geht es doch vergleichsweise gut. Und immerhin kann ich hier sein, habe zwei gesunde Beine, bin am Leben.

In Gedanken erstelle ich eine Liste: Für B. und M., meine trauernden Mütter, die ihre Kinder viel zu früh verloren haben. Für C. einen Tag, damit sie wieder gesund wird. Ich muss ihr schreiben! Für M., dass sie den Boden unter den Füßen behält. Einen Tag für alle meine Kinder. Einen Tag für all jene, denen ich wehgetan habe. Einen Tag für jene, die mir wehgetan haben, vielleicht kann ich ihnen danach vergeben. Einen Tag für M., weil sie einsam ist. Einen Tag für A., damit sie ihre Krankheit im Zaum halten kann.

Wahrscheinlich werden mir auf dem Weg noch einige einfallen, deren Anliegen ich bis in die Kathedrale von Santiago mitschleppen werde.

Ein kleines Gebetsbuch hat die strenge Selektion der Gewichtskontrolle auf meiner Packliste überlebt. Ausgerechnet heute finden sich dort diese Zeilen aus dem Buch Jeremia in der Tageslesung: «Ich, ich kenne meine Pläne, die ich für euch habe. Pläne des Heils und nicht des Unheils, denn ich will euch eine Zukunft und eine Hoffnung geben. Sucht ihr mich, so findet ihr mich. Wenn ihr von ganzem Herzen nach mir fragt, lasse ich mich von euch finden». Gott wird dies Versprechen noch bereuen, ich werde jeden Tag fragen und auch Antworten fordern!

Im Winter sind nur eine Handvoll Pilger da. Die Franziskaner unterteilen ihre Zimmer brav katholisch nach Männern und Frauen. Mit in meinem 6-Bett-Mädchen-Zimmer mit Bad zwei kleine Italienerinnen aus Rimini und Aleksandra aus Russland. Die Italienerinnen sind scheu. Ich auch. Nur Aleksandra ist redselig und unbekümmert. Sie steht halbnackt im Raum und redet wie ein Wasserfall. Gestern sei sie 44 Kilometer gegangen, ohne es zu merken, erzählt sie mir. Sie ist die ganze Einöde, die ich von Burgos bis nach León gerade mit dem Bus durchquert habe, an einem Tag zu Fuß gelaufen.

...nd dennoch gehe ich we...
Morgens wieder regneri...
ein kleiner Tante-Emma-...
gibt es nun solche Ally...
Brot, Obst, Käse und...
Gratwanderung: Nicht...
Aber auch...
...en gar kei... ...ist zu. Auf
...ach einem ...zten Platz gegen den Regen
...h die beiden Italienerinnen aus Rimini
...gemeinsam essen wir an einem kleinen

Ich bin beeindruckt. Von ihrem riesigen Drachen-Tattoo auf dem Rücken und der Strecke, die sie hinter sich gebracht hat. Da ich selbst «nur» auf dem letzten Drittel des Camino Francés einsteige, frage ich sie, wo sie losgelaufen ist. Die Antwort: «In Russland.» Mutiger macht mich das jetzt auch nicht wirklich. Ich bin so ein Anfänger, meine 300 Kilometer sehen daneben wie ein Kindergartenausflug aus.

Ich mache noch einen Abendspaziergang durch die Stadt; ich will morgen früh los, da bliebe keine Zeit. Die Kathedrale ist atemberaubend, riesig groß ragt sie hell angestrahlt in den dunklen Nachthimmel. Ich schlendere durch zauberhafte menschenleere Gassen. Im Sommer muss es hier fantastisch sein. Ich sehe Menschen in den Bars sitzen. Bedaure kurz, allein zu sein. Aber ich bin gar nicht hier, um Gesellschaft zu finden, sondern um ihr zu entfliehen. Ich freue mich auf morgen, dann geht es endlich richtig los.

> Aber ich bin gar nicht hier, um Gesellschaft zu finden, sondern um ihr zu entfliehen.

Ich muss in eine Art Koma gefallen sein. Die Anreise hat mich so geschafft, dass ich nicht einmal mitbekomme, wie die Italienerinnen morgens sehr früh aus dem Gemeinschaftszimmer schleichen. Ich bin nicht wach geworden! Ausgerechnet ich, die zwanzig Jahre lang über den Flur hinweg auch aus dem Tiefschlaf heraus ins nächste Zimmer hineingehört hatte, wenn eines der Kinder nachts auch nur einen Mucks gemacht hat. Die beiden Rimini-Girls hatten einen halben Meter neben meinem Kopf zwei Rucksäcke zusammengepackt, und ich war komplett weggetreten.

Ich brauche Ewigkeiten, um meinen Rucksack wieder zusammenzupacken und auch nichts zu vergessen. Benötige ich das wirklich alles?

«Buen Camino!» Der Franziskanermönch gibt mir zum Abschied den klassischen Pilgergruß mit auf den Weg. Er steht schon wieder – oder immer noch – unten in der Eingangshalle und passt jeden ab, der das Haus verlässt.

«Es ist dein erster Tag, du gehst jetzt los?» – «Ja.» Ich solle nicht vergessen, dass man den Camino nicht mit den Füßen geht, sagt er: «You have to go it by heart, not by foot» – du musst ihn mit dem Herzen gehen.

Er sagt das sehr ernst. Wie viele Tausend wie mich wird er in diesem Flur über die Jahre schon mit demselben guten Ratschlag auf den Camino entlassen haben? Wie viele haben wirklich auf ihn gehört?

KAPITEL 3

Folge der Muschel!

Und so folge ich also zum ersten Mal dem gelben Muschelzeichen, das auf Hauswänden, Pflastersteinen, Felsbrocken und Schildern aufpasst, dass hier niemand verloren geht oder vom Weg abkommt. 306 Kilometer, sagt der Wegstein in León. Das ist also meine Strecke.

Die Kathedrale liegt noch im Morgendunst, der Himmel ist wolkenverhangen, der Zauber der klaren Nacht verflogen. Ich starte an einem trostlosen Tag den Weg aus der Stadt hinaus. Vereinzelt sehe ich andere Pilger, die sich aus den Seitenstraßen heraus einfinden.

Endlos zieht sich der Weg durch die ziemlich graue Vorstadt. Ein paar Cafés und Kioske haben schon offen und preisen überteuerte Wasserflaschen an. Mein erster Café Americano in einer Bar. Am Tresen hocken alte Herren für ein Schwätzchen mit dem Barmann. Der Rucksack ist ganz schön schwer, und ich bin erst eine Stunde unterwegs.

Nach meinem ersten Tag zu Fuß werde ich zwölf Stunden durchschlafen. Ich liege schon um 18 Uhr fröstelnd im Bett, meine Beine, meine Waden, die Füße, alles brennt. Und obwohl ich todmüde bin, kann ich wegen der Schmerzen nicht einschlafen. Ich hab eines der unteren Stockbetten bezogen, weil ich nicht weiß, ob ich es auf das obere Bett schaffe, geschweige denn wieder runter.

Nach einer Stunde Wachliegen ziehe ich nochmal um. Vielleicht hilft es doch, wenn ich oben liege?

«Everything okay with you?» Meine beiden Zimmergenossen machen sich Sorgen um mich. Tagessieg: Wenigstens keine Blasen an den Füßen!

Die ersten 25 Kilometer liegen hinter mir, die letzten fünfzehn davon gegen den starken Westwind auf weitem Feld. Alle haben mich schon überholt. Alle!

Joseph und seine Wegbegleiterin aus Frankreich, ihr Name war auch nach dreimaligem Wiederholen unaussprechlich. Ich nenne sie die Gazelle.

Am Anfang dachte ich noch, sie seien ein Paar. Er ist jung, er könnte mein Sohn sein, sie etwas älter. Sie haben was von einem alten Ehepaar, eine Vertrautheit miteinander. Erst später erfahre ich, dass sie sich auf dem Weg kennengelernt und zusammengetan haben. Laufen miteinander, wenn auch nicht immer nebeneinander. «Manchmal sag ich zu ihm: Hau ab, ich brauche Ruhe, und dann treffen wir uns irgendwann wieder am Abend», sagt sie. Sie telefoniert regelmäßig mit zu Hause; es klingt, als habe sie kleine Kinder.

Mit federleichten Schritten waren die beiden an mir vorbeigezogen, während ich dachte, ich sei mit ganz ordentlichem Tempo unterwegs. Ich beneide sie um diese Kondition. Erst zweihundert Kilometer weiter erzählt mir die Gazelle vom Anfang ihres Weges. Mit Übergewicht und untrainiert. Sie habe manchmal nur fünf oder zehn Kilometer am Tag geschafft, so langsam sei sie gelaufen. Es ist tröstlich zu hören; ich hätte es gerne damals schon gleich gewusst, als sie mich in León zum ersten Mal überholte und ich mir so wahnsinnig unzulänglich vorkam.

Die junge Australierin mit den blonden Locken. Auch sie überholt mich zügig. Man kann sie hören, wenn sie von hinten naht, denn sie singt. Zehn Meter hinter mir hört sie damit auf, zehn Meter vor mir setzt sie wieder zum Singen an. Das Spiel macht sie mit jedem, an dem sie vorbeigeht. Seit über fünfhundert Kilometern und bis zum Schluss. Unsere Wege kreuzen sich noch mehrfach, wir gehen ähnliche Etappen, und ihr Singen wird Teil meines Weges.

An der Fußgängerampel kurz vor der Stadtgrenze dann der Hochleistungspilger. Ein junger, athletischer Mann. Alles an ihm ist so perfekt und strahlenförmig, durchtrainiert, sauber, glatt und professionell. Die alten Griechen hätten ihn sofort zum Modellstehen für eine Statue engagiert. Er hat einen Trinkschlauch auf dem Rücken, dank dem man während des Laufens trinken kann, ohne dafür anhalten zu müssen, um wie wir Normalsterbliche eine Flasche aus dem Rucksack zu kramen. Als es auf Grün schaltet, sprintet er in einem Tempo los, dass ich befürchte, er wird heute noch die dreihundert Kilometer bis Santiago durchrennen.

Genau genommen müsste man nach vier Tagen noch mal nach Hause fahren, umpacken und neu loslaufen, dann hat man ziemlich genau das dabei, was man wirklich braucht.

KAPITEL 4

Ballast abwerfen

Ich hingegen muss gerade schon wieder umkehren. Es ist der erste Tag, und ich habe schon zum zweiten Mal meine Wanderstöcke bei Pausen liegen lassen, weil es noch ungewohnt ist, sich andauernd zu vergewissern, was alles zu meinen Siebensachen gehört. Auf jeden Fall sind es mehr als sieben – und definitiv sind es zu viele. Den dicken Pullover hatte ich bereits im Zimmer bei den Franziskanern zurückgelassen, den Regenschirm auch. Ich hatte wirklich einen Regenschirm eingepackt! In meinen romantischen Vorstellungen sollte er mir auf Abendspaziergängen Schutz vor möglichem Regen gewähren, wenn ich noch durch die Stadt ziehen möchte.

Ich selbst schleppe über zehn Kilo auf dem Rücken, obwohl ich mich wirklich bemüht hatte, vernünftig und leicht und nicht zu viel einzupacken. Stundenlang hatte ich gebrütet, aussortiert, abgewogen, umgepackt, und doch fehlen dann manche Dinge, und andere sind blanker Unsinn. Manche Utensilien habe ich schon am ersten Tag weggeworfen, genauso wie die halbe Reiseapotheke. Wir sind hier ja nicht in einem Dritte-Welt-Land. Es gibt für akute Notfälle Apotheken, Herbergen, Weggefährten und eine gute deutsche Auslandskrankenversicherung.

Völlig absurd, was einem so manche Packliste aus dem Internet alles als Must-have auf den Rücken packt. Ich behalte nur die Blasenpflaster, ein paar Schmerztabletten und die gute Hirschtalg-Creme für meine Füße. Genau genommen müsste man nach vier Tagen noch mal nach Hause fahren, umpacken und neu loslaufen, dann hat man ziemlich genau das dabei, was man wirklich braucht.

Ein Abenteuer war bereits der Einkauf im Outdoor-Fachhandel gewesen. Der Kerl im Laden sah aus, als sei er direkt unter einem Felsvorsprung im kalten Gebirgsbach auf die Welt gekommen. Sonnengegerbte Haut, lange wilde Haare und Sandalen an den Füßen, und das im November. Den Camino ist er schon zweimal gelaufen. Alle anderen Wanderwege weltweit offenbar auch. Eines ist danach sicher: Ich werde überleben! Er verpasst mir nicht nur einen federleichten Rucksack und allerlei wasserdichte Beutel und Socken, sondern auch eine Kompletteinweisung in das Outdoor-Leben, einen Grundkurs in «Rucksack wasserfest packen» und vor allem extrem viel Lust aufs Gehen.

Es hatte mir bei meinen Vorbereitungen gutgetan, abseits der allgegenwärtigen Bedenkenträger an einen Menschen zu geraten, der die Idee, dass ich als Frau alleine mit null Wandererfahrung mitten im Winter ins Ungewisse aufbrechen will, für eine richtig geile Idee hielt. Somit war ich nicht nur gut ausgerüstet, sondern auch beschwingt aus diesem Laden gegangen, allerdings auch um einige hundert Euro erleichtert.

> Es ist die erste Lektion von vielen, dass ich auf diesem Weg recht offensichtlich nicht selbst bestimme, wie schnell ich vorankomme.

Früher habe ich Wandern immer gehasst. Als Kind sowieso. Selbst Spazierengehen am Sonntagnachmittag erschloss sich mir nie als sinnvolles Unterfangen. Wozu eine Runde im Kreis gehen, wenn man kein Ziel hat, nicht mal wenigstens die Eisdiele? Und jetzt gehe ich 25 Kilometer am Tag, leide unter meinen Füßen, und doch ist mir absolut klar: Ich werde wiederkommen. Am liebsten den ganzen Camino mit seinen über achthundert Kilometern komplett gehen. Ich möchte die Pyrenäen überqueren. Schon am ersten Tag übermütig, das Mädchen. Man könnte auch sagen: Ich hatte sofort Blut geleckt.

Der Weg zieht sich. Ich bin so furchtbar langsam. Hätte ich vielleicht doch trainieren sollen, wie es in jedem blöden Reiseführer drinsteht und mir ein Kollege, der hier schon mehrfach war, ebenfalls angeraten hatte? Der Wind ist auf freiem Feld erbarmungslos, es gibt nur ein paar Sträucher hier und endlose Weite. Nichts, das sich vor einem schützend in den Weg stellt. Bin dankbar für die Wanderstöcke, die ich dabei habe und bei jedem Schritt in den Boden ramme, weil es sich anfühlt, als wolle mich der Wind sonst wieder rückwärts nach Hause schieben, abhalten, frustrieren. Und ja, er ist damit durchaus erfolgreich: Denk ja nicht, Peregrina, das könnte hier einfach werden oder ein hübscher Spaziergang!

Der Gedanke drängt sich auf, dass mir jemand die Tour und die Freude gleich schon am ersten Tag so richtig versauen will. Kämpfe ich gegen den Wind, gegen einen Widersacher oder nur gegen mich selbst?

Es ist die erste Lektion von vielen, dass ich auf diesem Weg recht offensichtlich nicht selbst bestimme, wie schnell ich vorankomme. Mich damit abfinden muss, dass meine Füße und das Wetter viel mächtiger sind als ich selbst. Wie geht man einen Weg mit dem Herzen, wenn die Füße davon nichts wissen und der Kopf sowieso seinen eigenen Weg geht?

Meine ganze naive Planung mit den hübsch ausgerechneten Tagesetappen droht schon am ersten Tag komplett aus den Fugen zu geraten. Aber wie soll ich denn die Probleme meines Lebens in den Griff bekommen, wenn ich nicht einmal meine eigenen Füße unter Kontrolle habe? «Dein Wille geschehe», die Zeile aus dem Vaterunser bricht sich im Gehen Bahn durch mein Gedankenchaos.

Sein Wille geschehe. Na großartig! Jetzt bin ich erst richtig in Rage. Tut es das nicht sowieso, egal was wir beten, egal was wir wollen? Nach vier Stunden Gegenwind macht mich diese Zeile richtig wütend. Ist die Frage nicht vielmehr, ob wir bereit sind, diesen Willen hinzunehmen, statt dagegen zu rebellieren? Wenn das Schicksal uns sowieso ereilt, wäre es nicht klüger, es anzunehmen? Soll ich etwa gegen den Wind kapitulieren?

Die zweite Lektion bekomme ich kostenlos dazu: Mein Naturell taugt nicht zur Unterwerfung. Ich bin jedenfalls hochbewaffnet. Zuletzt las ich in Hartmut Rosas «Unverfügbarkeit» über die philosophische Betrachtung des Phänomens, dass sich manche Dinge nicht erzwingen lassen. Schlimmer noch, je mehr wir es versuchen, umso mehr entrinnen sie uns, wie die Schneeflocken, die in der Hand schmelzen, wenn wir sie festhalten oder konservieren wollen. Wie die Resonanz, die wir ersehen, von Gott oder von anderen Menschen, und die sich immer weiter zu entfernen scheint, sich nahezu zurückzieht, entzieht, wenn wir sie unbedingt jetzt und hier einfordern. Weil man es sich einfach nicht nehmen kann. Man bekommt es nur, wenn es einen ereilt. Man muss den eigenen Willen offenbar loslassen, um ihn vielleicht doch zu bekommen. Begegnung mit Gott ist die ultimative Unverfügbarkeit. Ich fühle Ohnmacht.

MANCHE DINGE LASSEN SICH NICHT
ERZWINGEN. WIE DIE RESONANZ,
DIE WIR ERSEHNEN – VON GOTT
ODER VON ANDEREN MENSCHEN –
UND DIE SICH IMMER WEITER ZU
ENTFERNEN SCHEINT, SICH
NAHEZU ZURÜCKZIEHT, ENTZIEHT,
WENN WIR SIE UNBEDINGT JETZT
UND HIER EINFORDERN.

KAPITEL 5

Back to the roots

Und dennoch gehe ich weiter, jeden Tag rund 25 Kilometer. Morgens wieder regnerisches Wetter. Im Nachbarort hat ein kleiner Tante-Emma-Laden offen. Hier in den Dörfern gibt es nur solche Allzweckläden. Ich kaufe ein bisschen Brot, Obst, Käse und Salami. Es ist eine ständige Gratwanderung: Nicht zu viel kaufen, man muss es ja alles tragen. Aber auch nicht zu wenig, denn manche Orte haben entweder gar keinen Laden, oder alles ist zu.

Auf der Suche nach einem geschützten Platz gegen den Regen finde ich die beiden Italienerinnen aus Rimini wieder. Gemeinsam essen wir an einem kleinen überdachten Rastplatz aus Stein. Sogar ein kleiner Brunnen ist da für unsere Wasserflaschen. Wir unterhalten uns mit Händen und Füßen, ich kann kein Italienisch, die beiden kaum Englisch. Sie sind erstaunt, dass ich ihren kleinen Ort Rimini kenne. Ich versuche ihnen zu erklären, dass alle Deutschen, die in ihrer Kindheit Opfer von zu vielen Peter-Alexander-Filmen geworden sind, Rimini als den Garten Eden Italiens kennen. Sie verstehen kein Wort. Ich frage sie, warum sie in León damals so früh morgens schon aufgebrochen sind? Sie sagen, sie wissen es auch nicht. Wir müssen so lachen.

Es ist tatsächlich auch ihr erster Tag gewesen. Auch sie sind in León gestartet, und sie hatten im italienischen Reiseführer gelesen, dass man früh morgens aufbrechen soll auf dem Jakobsweg. Tatsächlich habe ich das auch in meinem deutschen Reiseführer gelesen. Früh aufbrechen und spätestens um 15 Uhr ankommen in der Herberge! Ich habe keine Ahnung, warum. Im Sommer mag das Sinn machen, weil die Hitze am Nachmittag zu viel wird und die Schlafplätze in den Herbergen parallel zu wenige sind. Ende November interessiert das hier keinen. Aber schön, dass wir alle drei darauf hereingefallen sind und uns von Büchern leiten lassen statt von unserem Verstand.

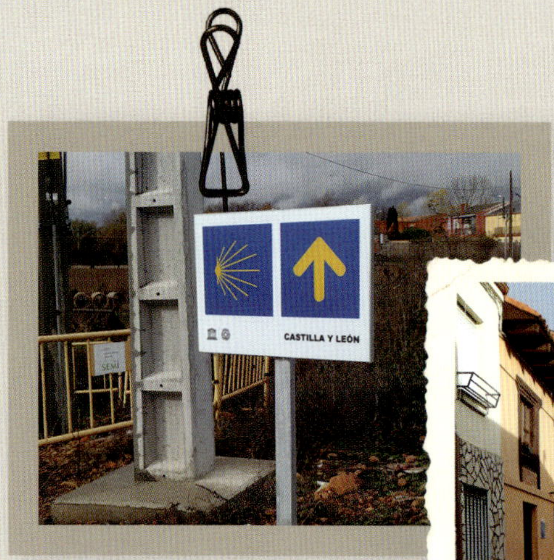
CASTILLA Y LEÓN

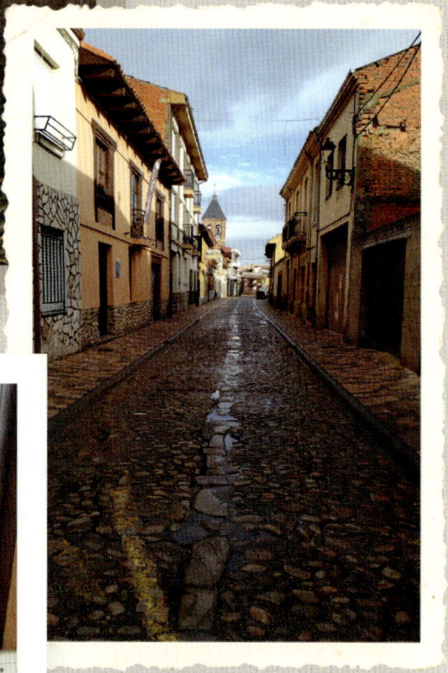

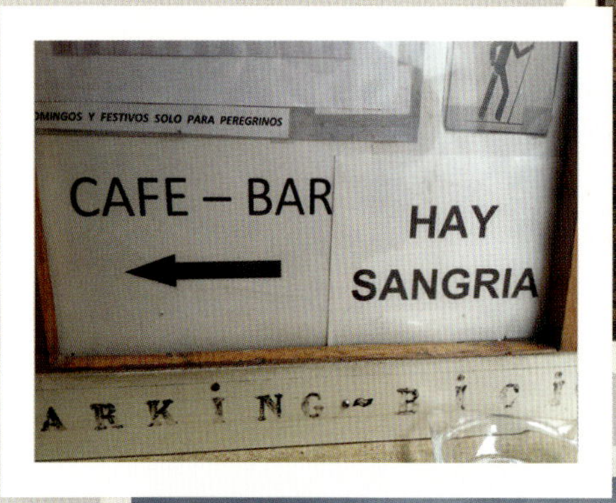
OMINGOS Y FESTIVOS SOLO PARA PEREGRINOS
CAFE – BAR
HAY
SANGRIA
ARKING-BICI

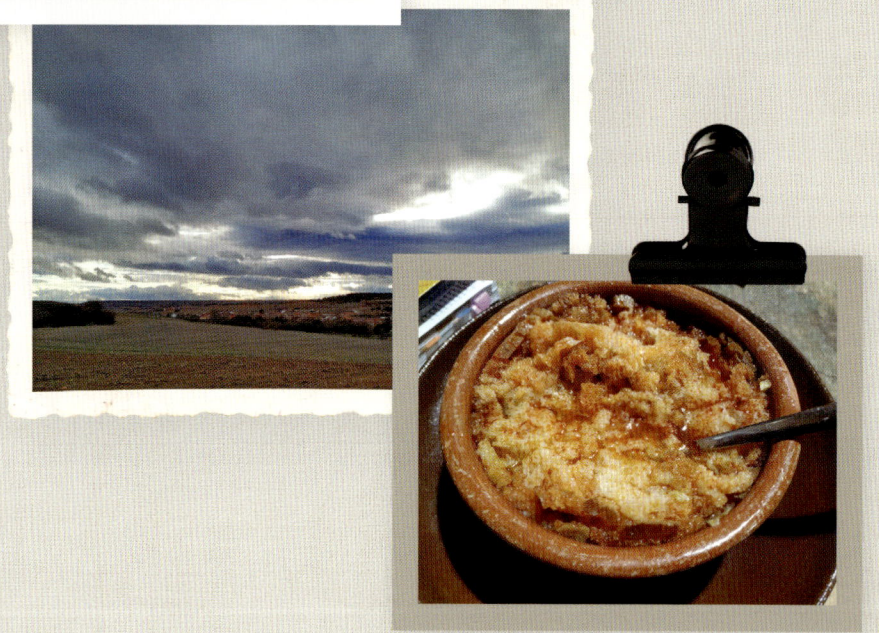

Ich ziehe alleine weiter. Die Mädchen verbinden noch ihre Füße, sie haben Blasen. Ich weiß nicht, was Hirschtalg-Creme auf Italienisch heißt. Lande mittags in Hospital de Órbigo und bin völlig durchnässt. Meine Schuhe und meine Jacke sind großartig, der Rucksack auch, das Regencape aber verdient seinen Namen nicht, die Hose taugt gar nichts und war bereits nach einer Stunde komplett durch, obwohl angeblich regendicht. Soll ich hier Schluss machen für heute?

Die Italienerinnen irren auch durch den Ort auf der Suche nach einer Herberge. Die Auberge «Karl Leisner» klang im Reiseführer gut, ist aber entgegen der Ankündigung dann eben doch zu. In fünf Kilometern im nächsten Ort soll etwas auf sein. Ich beschließe, in einen der vielen Gasthöfe einzukehren und mich aufzuwärmen.

Ich habe keinen Hunger, bin bereits randvoll mit schwarzem Kaffee und fühle mich irgendwie schlecht, hier einfach nur die warme Stube auszunutzen. Das Türschild verspricht Sangria, mir ist eher nach Glühwein zumute. Eine Suppe! Der Kellner empfiehlt mir eine «Sopa de Ajo». Suppe mit Knoblauch, sein gebrochenes Englisch spricht von einer regionalen Spezialität, wer will da Nein sagen?

Ich hätte es tun sollen. Die Suppe schmeckt genau so furchtbar, wie sie aussieht. Eine fette Brühe, randvoll gefüllt mit bereits eingeweichtem labberigem Weißbrot. Ich fand das schon als Kind ekelhaft. Ich kann nicht einmal Kekse in Kakao stippen. Warum lässt man leckere knusprige Dinge in eine Flüssigkeit tauchen, um sie zu Matsche werden zu lassen?

Ich lächele tapfer und versuche wenigstens die Brühe aus den Brotstücken auf den Löffel zu pressen. Und ich muss ja weiter. Mein Tagessoll ist noch nicht erreicht, und da soll schließlich diese Herberge in fünf Kilometern Entfernung sein …

Am Abend strande ich dann alleine in einem Kuhdorf. Zwei Mädchen hängen Wäsche auf im Garten des Hauses. Sie sind überrascht, mich zu sehen, sie haben mit niemandem gerechnet. Es beschleicht mich der Verdacht, dass die Herberge eigentlich zu hat, sie sich jetzt aber auch nicht trauen, mich wegzuschicken. Zurück wären es vier Kilometer, weiter voran auf dem Weg wären's über fünf bis zum nächsten Ort, und

es ist schon 17 Uhr, es wird bald dunkel. Also bekomme ich meinen Stempel in meinen Pilgerpass und ein karges Zimmer mit zwei Stockbetten und Betonfußboden.

Der alte Mann, der hier offenbar der Hausherr ist, wirft nur für mich den Gasofen an, um den Gemeinschaftsraum warm zu bekommen. Die Schlafräume haben gar keine Heizung, dafür sind die Toiletten und die Duschen im Garten. Im Sommer ist das hier sicher bezaubernd. Jetzt stehe ich aber in der Zwei-Kubikmeter-Zelle im Freien. Nach der ersten Überwindung und nach ein paar Minuten mit heißem fließendem Wasser fühlt es sich wie ein türkisches Dampfbad an. Solange man da drinsteht, ist es großartig, ich will gar nicht mehr raus.

Draußen überträgt derweil der Lautsprecher die Abendmesse aus der kleinen Kapelle in einer Lautstärke in den gesamten Ort, die jeden Muezzin vor Neid erblassen ließe. Nackt hatte ich zuvor noch nie eine katholische Messe.

Ich wollte das ganze «Back to the roots»-Paket, ich bekomme es. Die beiden jungen Mädchen, die offenbar hier im Obergeschoß wohnen, kochen mir Spaghetti. Ich gönne mir ein Dosenbier und kauere ganz nahe an dem Gas-Ofen, die Kleider auf Stühlen drumherum drapiert, damit sie trocknen. Der Alte harrt zwei Tische weiter vor seinen Spielkarten aus, bis ich begreife, dass er wohl nur darauf wartet, dass ich schlafen gehe. Ich erlöse ihn. Liege später in meinem Hochleistungsschlafsack und friere die halbe Nacht, denn es gibt keine Glasscheiben in den Fenstern, nur Fensterläden aus Holz, dafür gibt es morgens auch kein Frühstück. Wer hatte nochmal diese grandiose Idee mit dem Wandern? Und wo sind überhaupt alle anderen, die mich am Tag überholt haben? Wieso bin ich hier alleine gelandet?

> Ich wollte das ganze «Back to the roots»-Paket; ich bekomme es.

KAPITEL 6

Camino-Wunder

Es heißt, der Camino gibt dir, was du brauchst, dann, wenn du es brauchst. «Die kleinen Camino-Wunder», sagt mir Jens aus dem Schwarzwald später. Vielleicht sind es genau die Dinge, die man nicht sucht, die einen aber finden, weil ihre Zeit gekommen ist; oder auch, weil man es schafft, sie zu sehen, wahrzunehmen, nicht länger zu ignorieren.

Seit ich mein Echtleben hinter mir gelassen habe, ist wieder Platz, um anderes nicht mehr zu übersehen. Menschen, Orte – und auch mich.

Ja, ich habe sie gefunden, die Camino-Wunder. Das erste ist David, der Jesus-Verschnitt, ohne Socken in Sandalen holzhackend morgens mitten im Nirgendwo. Die Fata Morgana am Horizont, nachdem man mich ohne Frühstück aus der Herberge mit der Gartendusche entlassen hatte. Nach einer Stunde voller einsamer Hügel erscheint seine aufgebaute Frühstücksbar wie eine Oase in der Wüste. Ein Bretterverschlag, mystische Steinhaufen, bunte Tücher, Plastikplanen und in einem halboffenen Schuppen ein brennendes Holzfeuer. Davor steht eine Theke wie auf dem Markt, dahinter allerlei Köstlichkeiten für ein Frühstück. Er presst den Orangensaft frisch, hat heißen Kaffee, gekochte Bio-Eier, Obst und Brot und will partout nicht einmal eine Spende annehmen. «This is all about giving», strahlt er mich an.

Geben ohne Erwartungshaltung. Seit zehn Jahren verschenkt David hier im Nirgendwo Essen an Pilger. Alle Götter dieser Erde leben bei ihm in Bildern, Zeichen und Ornamenten friedlich nebeneinander auf Steinhaufen. Im Sommer hat er Hängematten im Schatten, im Winter ein Feuer und heißen Tee. Ich sitze in der offenen Holzbaracke und habe das beste Frühstück seit Jahren: ein gekochtes Ei, schwarzen Kaffee, frisch gepressten Orangensaft, einen Apfel, ein Stück Vollkornkuchen und Pflaumen. David kocht irgendeine Brühe in einem großen Topf; ich bin nicht ganz sicher, ob alles, was in diesem Zaubertrank schwimmt, legal ist. Er hackt mit einem derartigen Enthusiasmus bei null Grad mit blanken Füßen neben mir Holz, dass mir der Verdacht kommt, hier ist womöglich nicht alles nur Tee in den Dosen.

ES HEISST, DER CAMINO GIBT
DIR, WAS DU BRAUCHST, DANN,
WENN DU ES BRAUCHST.

VIELLEICHT SIND ES GENAU DIE
DINGE, DIE MAN NICHT SUCHT,
DIE EINEN ABER FINDEN,
WEIL IHRE ZEIT GEKOMMEN IST.

Es ist das erste Mal, dass ich auf Frenchman treffe. «Ist das deine?», fragt er mich und hält mir tatsächlich meine Mütze entgegen. Ich muss sie verloren haben, wohl schon in der ersten Stunde des Tages. Er läuft also offensichtlich hinter mir. Sein grauenhaftes Englisch verrät zielsicher den Franzosen. Er ist groß, interessant und schweigsam. Wilde Locken und ein Gesicht wie Richard Gere. Es verbirgt sich ein gutaussehender Mann hinter dem etwas verwilderten Zustand. Er, sein großer Wanderstock und sein riesiger Schäferhund sind ein festes Gespann. Er bleibt nicht zum Frühstücken, nimmt zögerlich einen Apfel mit und trollt sich auf seinem Weg.

Auch ich muss weiter, es sind kaum drei Kilometer geschafft von meinem Tagespensum. Ich kann hier nicht rumsitzen, nachher gefällt es mir noch, und am Ende schlafe ich schon wieder im Freien, und zwar im ganz Freien.

Es ist schön, so alleine mit dem weiten Horizont und der Stille der einsamen Wege. Selten begegnet man anderen Menschen. Auch die kleinen Orte scheinen wie ausgestorben. Ich komme mehrfach an seltsamen kleinen und verlassen wirkenden Erdhütten vorbei, es sieht aus wie in Tolkiens Auenland. Jeden Moment könnte ein Hobbit aus der Türe treten. Die Dächer bilden eine hügelige graswachsene Landschaft, sie schmiegen sich in die Landschaft ein, als hätte man sie in den Hügel hineingehauen. Sind das die Schrebergärten der Spanier?

Überall sind die Hagebutten reif. Meine Oma und meine Großtante kommen mir spontan in den Sinn, sie hätten hier sofort mit der Ernte begonnen, um ihre berühmte Hagebutten-Marmelade einzukochen, die mir inzwischen so fehlt, seit sie beide vor wenigen Jahren verstorben sind. Und genau genommen wären sie sowieso niemals an den üppigen Sträuchern von Spanien vorbeigekommen. Weil sie auch nie auf den Gedanken gekommen wären, hierher zu kommen und sich Zeit zu nehmen, sinnfrei tagelang wandern zu gehen. Ihr Handeln hatte in der Regel ein Ziel, einen Zweck, eine Verpflichtung. Selbst die Hagebutten-Marmelade war ja jahrzehntelang kein Hobby gewesen – das Einkochen war der Notwendigkeit geschuldet, Vorräte anzulegen für die Nachkriegswinter in unserer Heimat in Siebenbürgen.

Erst in den letzten Jahren ihres Lebens haben mich die Lebenslinien der Frauen in meiner Familie überhaupt beschäftigt. Sie haben nie geklagt und sind zufrieden gestorben. Sie sind beide erst nach meinem Großvater gestorben. Oma sagte einmal: «Ich kann nicht früher gehen, wer soll sich um ihn kümmern?» Wer hat sich um *dich* gekümmert, Oma?

Ich gerate in Schafherden, die nach Hause getrieben werden, ihre Schlachtmale tragen sie bereits auf dem Rücken.

KAPITEL 7

Der Teufel fährt Taxi

Meine Füße bestimmen jetzt mein Leben. Die Monotonie des Gehens hat etwas Befreiendes. Jeden Tag schmerzen meine Füße. Jeden einzelnen Tag bis zuletzt. Es beginnt zuverlässig zur Mittagszeit und bleibt für den Rest des Tages. Das Gute am Schmerz ist, dass ich manchmal über nichts anderes mehr nachdenken kann und den Rest vergesse. Dann zählt nur noch der nächste Schritt. Einer nach dem anderen. Die ganze Kraft und Konzentration fokussiert sich auf die Strecke vor mir, auf das Ankommen in der Herberge. Für mehr reicht es dann einfach nicht mehr. Alles andere verliert sich, entschwindet.

Ich nehme es hin. Es ist eine Dauerübung in gesundem Fatalismus. Was bleibt mir auch anderes übrig? Die Monotonie leert den Kopf.

Am Tag drei weiß ich sicher: Der Teufel fährt Taxi. Überall auf dem Weg finden sich Aufkleber, teilweise aufdringliche Plakate an Straßenschildern, auf Hauswänden, an Zäunen: Taxifahrer, die müden Beinen ihre Dienste anbieten. Der perfide Versuch, ermattete Pilger zum Aufgeben zu verführen. Wie verlockend nach zwanzig Kilometern Wegstrecke! Wie oft mag der Verführungsversuch erfolgreich sein, vor allem im Sommer, wenn die Hitze ihr Übriges beisteuert? Ich bin zutiefst entschlossen, zu widerstehen. Keiner wird mich auf einen Rücksitz zwingen.

«Ab Kilometer Zehn fangen meine Füße immer an zu brennen», sage ich zu meinem Schweizer Gefährten Johannes, während ich meine Füße zum Ausdampfen aus den Wanderschuhen schäle und er in der Sonne sein Mittagsbier öffnet. «Ja, kenne ich», sagt er, «bei mir fängt das immer bei Kilometer Dreißig an.» – «Ja, danke auch, mach mich noch mehr fertig!» Wir müssen beide lachen. Er ist bereits seit drei Mona-

ten zu Fuß unterwegs, hat seine Wanderschaft in Taizé begonnen. Er will mich trösten, alle hätten erst mal mit Fußschmerzen zu kämpfen, aber nach drei Wochen würde es besser. Den Punkt werde ich leider nie erreichen, ich bin ja nur gut zwei Wochen unterwegs. Ja, keine Frage, ich muss auf jeden Fall mit mehr Zeit wiederkommen.

«Warst du schon einmal dort?», fragt er mich. «In Taizé?» – «Nein, dort war ich noch nie. Es steht mit auf der Bucket List der noch zu erledigenden Dinge, bevor ich einst sterbe.» Ich erzähle ihm von Lourdes. Diesem absurd überlaufenen, einerseits mit Kitsch überladenen und dann doch so ungewöhnlichen heiligen Ort. Vor ein paar Jahren waren wir in der Nähe auf Sommerurlaub und hatten die Gelegenheit genutzt. Ich erinnere mich an die Schlange vor der Grotte. Vor mir eine kleine, rundliche alte Italienerin in einem dunkelblauen Pünktchen-Kleid. Je näher wir zur Grotte vorrückten, umso unruhiger wurde sie. Ich war noch unmusikalisch auf diesem Ohr damals, es befremdete mich. Sie zitterte, als wir endlich in die Grotte durften. Ich war damals als Touristin da, sie als Pilgerin. Ich füllte Wasser ab, nicht weil ich wirklich an die Heilkraft glaubte, sondern weil es alle machten. Die Kinder nahmen die Sache viel ernster. Der damals Sechsjährige füllte seine Flasche für Oma, damit ihre Füße von dem Zauberwasser gesund werden, denn sie war nicht mehr so gut zu Fuß unterwegs. Mein Mutterherz schwappte damals kurz über.

> Ja, keine Frage, ich muss auf jeden Fall mit mehr Zeit wiederkommen.

KAPITEL 8

Gefährten

Astorga, die Stadt steht majestätisch oben auf einem Berg, den man erst erklimmen muss. Ich laufe direkt Jens aus dem Schwarzwald in die Arme. Ein Glücksfall, denn dadurch bleibe ich hier hängen. Mir ist nach Gesellschaft zumute, mein Tagessoll ist nicht erfüllt, aber was soll's, es ist schön hier, und die Herberge sieht aus, als seien die Duschen tatsächlich im Haus drin. Heute also mal keine Outdoor-Experimente.

Es ist noch vor 15 Uhr, die Türe ist noch verschlossen. Wir lassen uns auf einer Bank in der Sonne nieder. Es dauert keine fünf Minuten, dann weiß ich seine gesamte Lebensgeschichte. Er läuft den Camino in diesem Jahr bereits zum zweiten Mal. Bei der ersten Runde erreichte ihn auf halber Strecke eine WhatsApp-Nachricht seiner Frau, dass er gar nicht erst wiederkommen braucht. Er hat sie beim Wort genommen. Jetzt läuft er einer Rückkehr ins Echtleben davon.

Es sprudelt aus ihm heraus, er muss sich mitteilen. Man muss ihn spontan gernhaben. Er geht den zweiten Weg, um den ersten zu verarbeiten. Träumt davon, irgendwann hier auf dem Camino als Reiseführer andere zu begleiten. Sein Ehrgeiz besteht darin, mit so wenig Geld wie möglich dabei auszukommen. Ich erzähl ihm von meiner Gartendusche, zumindest finanziell war die Nacht ein echter Gewinn. Er rechnet mir vor, wie wenig er bisher durchschnittlich pro Tag nur ausgegeben hat. Askese, oder ist es eine Art Selbstkasteiung? Er ist ein drahtiger, ha-

> Er geht den zweiten Weg, um den ersten zu verarbeiten.

gerer Kerl mit selbstgedrehten Zigaretten. Wenn ich hier jemals verloren gehe, wäre es gut, wenn er mich findet. Ich glaube, mit ihm überlebt man.

Frenchman hat den Hügel ebenfalls erklommen. «Bleibst du auch hier?», fragen wir. Es geht nicht, er muss was anderes suchen. Hier im Haus sind wie fast überall keine Hunde erlaubt in der Herberge.

Dafür gesellt sich Marie mit ihrem gewaltigen Rucksack zu uns auf die Bank. Ihre Haut ist tiefdunkel sonnengegerbt. Sie muss um die 70 sein. Stämmig, herb, männlich und doch irgendwie weiblich rund. Sie redet nicht viel, hat aber ein herzliches Lachen.

Der Hunger treibt mich in die Stadt. Alle Läden haben zu. Was um Himmels Willen machen die Spanier zwischen 12 und 17 Uhr? Die Schaufenster zeigen riesige Schinken und gestapelt süße Köstlichkeiten. Metzgereien, in denen in Reih und Glied ganze Schweine hängen. Veganer würden hier einen spontanen Herzstillstand erleiden.

Der aufziehende Regen treibt mich in die Kathedrale. Jetzt wäre der Schirm doch ganz praktisch.

Und dann ... Stille.

Ich weiß nicht, wie lange ich hier sitze und meinen Gedanken freien Lauf lasse. Ich muss meinen ganzen Mut aufbringen, man kommt sich doch irgendwie blöd vor – aber dann singe ich.

Es ist die erste Kathedrale auf meinem Weg, und ich habe sie für mich ganz alleine. Keine Touristenströme, nicht einmal einheimische Mütterchen. Ruhe und Frieden.

Ich weiß nicht, wie lange ich hier sitze und meinen Gedanken freien Lauf lasse. Ich muss meinen ganzen Mut aufbringen, man kommt sich doch irgendwie blöd vor – aber dann singe ich. «Maria durch ein Dornwald ging». Alle drei Strophen, ich kann sie auswendig seit Kindertagen.

Der Klang in dieser Kirche ist unbeschreiblich. Klar und hell und laut. Leute kommen. Ich geh dann mal besser.

Es wird ein wunderbarer Abend in großer Runde in der Gemeinschaftsküche des Hauses. Viele am Tisch bleiben wiederkehrende Weggefährten. Die

Mädchen aus Rimini sind eingetrudelt. Evelyn und Michael aus Deutschland, sie sind in Belgien losgelaufen und schon seit drei Monaten unterwegs, wir teilen uns eine Waschmaschinenladung und den Trockner. Jenny aus Australien, sie ist auch in León losgelaufen mit guter Laune und gut dreißig Kilo Übergewicht, sie kocht wie für eine ganze Armada, wir teilen Essen und Rotwein. Juan aus Venezuela spricht wie ein Fließband und muss chronisch alles teilen, was er besitzt, egal ob Zigaretten, Lebensweisheiten, ein Lachen oder Schokolade. Er hat einen niedlichen Lockenkopf im Schlepptau. Ich weiß nicht, ob sie ein Paar sind. Wenn es nach ihm geht, definitiv. Er setzt seinen ganzen Latino-Charme ein.

Neben mir Gandalf der Graue. Er lebt eigentlich auf Gran Canaria und dreht interessantes Rauchwerkzeug. Der klischeehaft rothaarige junge Ire packt sich seine Tomaten-Spaghetti als Tapas auf Weißbrotscheiben. Es sieht so ekelhaft aus, was haben wir gelacht. Die schweigsame Bubikopf-Schweizerin aus Luzern. Sie hat etwas Androgynes, Zartes an sich. Auch sie ist in León gestartet und hat schon am zweiten Tag den Bus genommen. Sie sitzt gern dabei. Marie schläft schon seit 18 Uhr. Hedi ist in der Stadt untergetaucht, sie hatte Lippenstift passend zur knallroten Steppjacke aufgelegt und sich innerhalb von Minuten im Bett neben mir aus einer verschwitzten Wanderin in ein für die Bar taugliches Geschöpf verwandelt. Dabei ist ihr Rucksack nur halb so groß wie meiner, wie macht sie das?

Was die anderen wohl über mich denken?

Es ist mir sowas von egal.

Niemand muss hier jemand sein.

Keiner muss etwas darstellen.

Morgen Abend werden sich viele von uns wiedersehen. Denn es gibt nur zwei Optionen: 20 oder 44 Kilometer laufen, um ein Dach über dem Kopf zu haben.

KAPITEL 9

Nach vorne blicken? Oder zurück?

An diesem Tag hatte man uns schon in den Morgenstunden aus der Herberge geworfen. Der freundliche Japaner von der Rezeption war morgens unerbittlich mit seinem Weckkommando inklusive Licht an. Aber wenigstens war es warm gewesen, ich hatte neue Freunde gefunden, und nach der Dusche im Garten hätte ich alles genommen, was zumindest geschlossene vier Wände hat. Inzwischen weiß ich auch, warum ich alleine in dieser Absteige übernachtet habe und wo alle anderen, die etwa zeitgleich auf der Strecke mit mir gehen, die Nacht kuschlig warm verbracht hatten.

Sie waren alle bei Christin in dieser zauberhaften Herberge, sie hat für alle gekocht. Ja danke auch, warum bin ich wieder die Einzige, die das nicht weiß? Im Gegensatz zu mir kennen und nutzen offensichtlich alle dieselbe tagesaktuelle Handy-App mit den offenen Herbergen und ihrer Ausstattung, die einem Wegstrecken und Höhenmeter zeigt, damit man weiß, ob man sich noch in den nächsten Ort aufmacht oder lieber bleibt, wo man ist. Mein gedruckter Reiseführer taugt im Winter nicht viel, wenn die Hälfte der Herbergen auf dem Weg geschlossen ist und das nicht drinsteht. Ich wollte die digitale Welt nur für Notfälle dabeihaben, mich nicht einfangen lassen von Nachrichten, Mails und dem Internet. Ich genehmige mir die Ausnahme des digitalen Reiseführers, weil es einfach praktisch ist.

Jetzt laufe ich erst mal in die Dunkelheit gegen Westen. Wenn man uns schon aus dem Bett wirft, dann will ich wenigstens gleich los, um vor den anderen zu laufen und meine Ruhe zu haben.

Die Stadt liegt noch im Schlaf. Der Marktplatz von Astorga menschenleer. Eine Bar erbarmt sich mit frühem Kaffee. Ich gehe und gehe mit stoischem Schritt, die Dunkelheit der Nacht vor Augen. Wenn ich schon so früh unterwegs sein soll, dann muss es sich wenigstens «lohnen». Dann will ich

wenigstens früh ankommen. Warum und wo und wozu, ist nicht wirklich klar, ich bin immer noch im Etappen-Modus meiner 25 Kilometer am Tag. Zielorientiert. Diszipliniert. Ich habe eine unbedingte Zielmarke im Kopf, so als sei es überlebenswichtig, nicht zu spät in der Herberge zu sein. Kommt mir nicht mit Logik, ich muss hier schließlich nach Plan pilgern.

Monoton und still ist es, bald schon liegen die Straßen der Stadt hinter mir und nur noch Berge vor mir. Die nächsten Tage geht es hoch bis auf den ersten Tausender. Dunkle Wolken türmen sich am Himmel auf, das Wetter verspricht nicht viel Gutes. Gehen, weitergehen, Soll erfüllen.

Und dann löst sich unvermittelt der Schnürsenkel an meinem Schuh. Ich gehe in die Knie, um ihn neu zu binden, in der Bewegung nach unten streift auf freiem Feld ein heller Lichtstrahl meine Augen. Irritiert wende ich den Blick das erste Mal weg von der Dunkelheit des Westens und erstaune im Anblick eines zauberhaften Sonnenaufgangs weit hinten im Osten. Man kann unendlich über die Ebene blicken von hier, es ist überwältigend schön. Ein neuer Tag. Orangefarbene Strahlen kämpfen sich den Weg zwischen den Wolken frei.

Weit hinten im Osten brennt der Himmel am Horizont – und ich hatte es gar nicht mitbekommen! Ich war so verbissen nach Westen gestapft, die so wichtig zu erringenden Tageskilometer vor Augen, dass ich die Schönheit hinter mir um ein Haar übersehen hätte.

> Die Sonne war aufgegangen! Wie banal, und wie großartig und prächtig. Sie geht immer wieder auf jeden Morgen, auch wenn wir lieber der Nacht hinterherlaufen. Und egal, wie dunkel die Nacht war.

Die Sonne war aufgegangen! Wie banal, und wie großartig und prächtig. Sie geht immer wieder auf jeden Morgen, auch wenn wir lieber der Nacht hinterherlaufen. Und egal, wie dunkel die Nacht war.

Für einen Moment kann ich über mich selbst lachen. Die großen Fragen des Lebens beantworten einem auf dem Camino manchmal blaue Schuhe, die einen ins Stolpern bringen, damit man sein Stakkato unterbricht.

Wie oft hatte ich mich wohl schon in den vergangenen vierzig Jahren nicht auf die Bank meines Lebens gesetzt, um einmal in die Anfänge nach Osten zurückzuschauen und zu erkennen, was alles schön war und schön ist? Auf

das, was ich alles Großartiges auf meinem Weg schon geschafft hatte? Wie oft war ich stattdessen verbissen auf die dunklen, ungelösten Probleme vor mir fixiert gewesen? Das ist hier noch viel mehr mein Weg, als ich je dachte. Mein ganzes Leben, meine ganze Art zu sein, legt der Weg Stück für Stück frei.

Es wird einer der besten Tage. Alle überholen mich. Ich glaube, Jens hat das Stakkato erfunden. Er ist wie eine Nähmaschine und tackert seine Füße auf den Boden. Niemand geht so schnell wie er. Wir halten ein Morgenschwätzchen für einen Kilometer, dann schick ich ihn weiter, bevor er sich genötigt fühlt, rückwärts zu laufen.

Die Sonne hat den Zweikampf für heute gewonnen, blauer Himmel, so weit das Auge reicht. Das Leben ist schön. Das Frühstück ehrlich. Käse. Brot. Trauben. Wasser. Ich habe das Taschenmesser von den Kindern mitgehen lassen. Irgendwann brauch ich mal ein richtiges.

Ein heruntergekommenes Steinhaus am Wegrand steht zum Verkauf. Es fühlt sich verlockend an.

Marie rollt wie am Fließband an mir vorbei. Heute ist es egal. Juan verteilt Schokolade, heute hat er auch Nüsse, wir holen uns brav unsere Wegstempel für den Pilgerpass und dazu einen Café Americano auf der Außenterrasse. Sogar die Schweizerin redet, die Katze lässt sich streicheln.

Ich bin beschwingt und verlasse alle, die sich in diesem absurden Gartenareal niedergelassen haben. Ein Sammelsurium aus Flower-Power-Optik, psychedelischen Figuren, Esoterik, Peace-Zeichen, Steinhaufen, Rosenkränzen, dazu allerlei Sitzgelegenheiten. Der dazugehörige Kiosk verkauft übertreuerten Kaffee, den man nicht einmal an einer deutschen Raststätte in den 80er Jahren schlimmer hätte bekommen können.

Die Sonne steht noch am Himmel. Da geht doch noch was!

Am Ortsausgang sehe ich Frenchman im karierten Schlafanzug. Jetzt schon? Er hat die Wasserstelle mit dem großen Becken und der Überdachung mit seinem Hund bezogen. Versucht gar nicht erst, mit Hund eine Herberge zu finden.

Ich schaue auf die App. Das sind doch keine fünf Kilometer bis zum nächsten Ort, das schaffe ich noch. Ein paar Tage später finde ich auf dem Display dann auch die Profil-Einstellung des Geländes, die die Höhenmeter anzeigt. Gut, dass ich heute noch keine Ahnung habe; es hätte mich entmutigt zu wissen, wie anstrengend es wird. Ich habe zwar nur wenige Kilometer, aber nochmal gut 400 Höhenmeter nach Foncebadón vor mir. So laufe ich wie ein kleines Kind, das sich selbst betrügt und immer wieder neu hinter der nächsten Anhöhe die warme Hütte und den kochenden Kakao schon fast riechen kann.

Es wird dann fast dunkel, bis ich endlich oben auf fast 1500 Metern bin. Und es hat sich gelohnt.

Die Birken leuchten in der Abendsonne, der Pfad wird immer unwegsamer. Vorbei an einem Zaun voller selbstgebastelter Kreuze, die andere hier festgebunden haben. Jedes Kreuz wie eine dringende Bitte.

Schmelzwasser hat den Trampelpfad aufgeweicht und fließt den Berg hinunter. Man weiß gar nicht, wo man hintreten soll. Die Schuhe sind längst nass. Das riesige Wasserbecken am Wegrand lockt meine erbarmungswürdigen Füße. Im Sommer hätte ich mich hier mitten reingesetzt, aber ich habe diesmal wirklich Angst, es wird dunkel und gefährlich, wenn ich raste.

Schnee! An den schattigen Wegstücken weiße Flecken, die Bäume werden unheimliches, wild mit hellgrünen Moosfransen bewachsenes Dickicht. Ein Hexenwald, und dann endlich oben. Sonnenuntergang mit Blick über Hunderte von Kilometern. Ich bin ein bisschen stolz auf mich, auch wenn meine Füße den üblichen Protest anmelden.

Nur wenige haben sich heute nach oben gequält. Zwei Koreanerinnen, deren Signalfarben-Jacken noch wichtig werden sollen. Ein Philosoph sitzt mit Antonio-Banderas-Augen im ockergelben Cordhöschen und Baskenmütze auf der halbdunklen Treppe und liest. Ich tippe auf Albert Camus. Eine deutsche Sinnsucherin um die Dreißig ist auch schon da. Thailand hat sie gerade abgebrochen, stattdessen die asiatische Hitze und den dort billig käuflichen Luxus gegen die Mühen des spanischen Winters auf dem Camino eingetauscht. Sie wirkt so eintönig. «Sabbatical» nennt man das heute, wenn man den gut dotierten Job in der Frankfurter Agentur hinschmeißt, um das Leben mit Ereignissen statt mit Tagen zu füllen. Jung, ledig, weiblich, sucht ... Für heute Abend findet sie einen sonnengegerbten Outdoor-Helden, er verheißt schon rein optisch was Handfestes.

KAPITEL 10

Ritterlichkeit

Mit dem Wetter kippt am Morgen auch meine Stimmung. Ein Unwetter zieht auf. Ich kehre um, hole die vergessenen Wanderstöcke. Ich sollte es zum Ritual erklären. Jene, die heute den Aufstieg hierher vor sich haben, werden statt in der Abendsonne in der Nebelsuppe mit vier Meter Sicht durch den Matsch waten. Mein Weg weiter bis zum Cruz de Ferro sieht nicht anders aus. Es will gar nicht hell werden.

Düster braut sich die Wetterfront zusammen, als ich das berühmte eiserne Gipfelkreuz erreiche. Du musst was mitnehmen, was du am Kreuz ablegen kannst, hatte man mir gesagt. Das macht man so, das soll ein ganz besonderer Ort sein, wo schon Tausende von Pilgern über die Jahrhunderte symbolisch mit einem abgelegten Stein ihren größten Wunsch vorbrachten. Man erwartet einen mystischen Ort, mindestens ein paar tanzende Elfen am Waldrand, und bekommt einen riesigen Parkplatz mit einem trostlosen Steinhügel vorgesetzt. Desillusionierung inklusive.

«Soll ich ein Bild von dir machen mit dem Kreuz?», fragt Roberto. Na gut, tun wir wenigstens so, als sei das hier irgendwie ein glorreicher Gipfelsturm. Vereinzelte letzte Sonnenstrahlen erleuchten zart die Wolken, für den Rest des Tages wird der Regen sie ertränken.

Vielleicht ist es ja bei Sonnenschein schön hier.

Vielleicht an einem anderen Tag, zu einer anderen Zeit,
mit einem anderen Ich.

Vielleicht mit weniger Frust, mit weniger Enttäuschung
und weniger Erwartung.

Ich habe noch meine goldene Wunschnuss, sie braucht einen Platz, wo sie geschützt ist, damit keiner sie zertritt. Wenn man genau hinschaut, finden sich überall ganz eigene, beschriebene, bemalte Steine. Schwüre, die in den riesigen Baumstamm geritzt sind, der das Kreuz in den Himmel hebt. Jahreszahlen. Murmeln zwischen den Holzspalten. Überall steingewordene Hoffnungen, Neuanfänge und Abschiede.

> Man erwartet einen mystischen Ort und bekommt einen riesigen Parkplatz mit einem trostlosen Steinhügel vorgesetzt. Desillusionierung inklusive.

Hedi war gestern Abend schon hier, um alleine zu sein. Sie stammt aus Ungarn, arbeitet das halbe Jahr als Partymaus auf Ibiza und hat sich dort in einen doppelt so alten Engländer verliebt, mit dem sie jetzt an der englischen Küste wohnt. Oder auf Ibiza. Die andere Hälfte des Jahres ist sie irgendwo auf der Welt unterwegs und gerade auf einer Art Wallfahrt für ihre neue Liebe. Sie würde es wohl selbst nie so nennen, aber sie hat einen Stein extra mitgebracht aus Ibiza und ihn handbemalt, um ihn am Cruz de Ferro rituell zwischen die Holzbalken zu klemmen.

Wir hatten einen Mädchenabend gestern. Sie will mir ihren Engländer unbedingt vorstellen. Ich erzähle ihr von meinem Leben. «Willst du auch Kinder haben?», frage ich sie am Abend. «Ja schon, aber noch nicht jetzt.» Sie ist ein Kind der Freiheit. Warte nicht zu lange, sage ich ihr.

Seit Tagen googelt sie nun Busverbindungen für den Engländer. Der Plan ist, dass er nach Santiago de Compostela fliegt, uns von dort drei Tagestouren entgegenfährt, sie sich romantisch irgendwo auf der Strecke in Zeitlupe filmreif in die Arme fallen, während im Hintergrund Rosenblätter niedersegeln und sie dann die letzten drei Tage gemeinsam diesen Weg zu Ende bringen. Für immer und ewig.

Mein Sinn für Romantik ist heute in Zynismus ertränkt. Irgendwo liegt auf diesem Steinhügel auch der goldene Ehering von Jens, der hier seine Liebe für immer beerdigt hat. Es schnürt mir alles die Kehle zu.

Und dann beginnt der Regen.

Ich brauche heute dringend ein Camino-Wunder. Es kommt zuverlässig in Form von Thomas, dem freundlichen Kreuzritter. Sein Bretterverschlag mit

Plastikfoliendach rettet mir den nassen Hintern, als der Wolkenbruch mich auf dem Berggipfel einholt. Ich bin schon völlig durchnässt, obwohl ich erst eine Stunde unterwegs bin und noch zwanzig Kilometer vor mir liegen. Und dann die rettende Oase, wieder mitten aus dem Nichts. Alte Holzbretter und Plastikplanen gelten hier offenbar als anerkanntes Baumaterial. Ich sehe durch die Regenfront hindurch Bewegung hinter einer Plastikplane. Menschen!

Ich haste auch hinein. Roberto ist schon da. Und die beiden Signaljacken-Koreanerinnen. Wir kauern um den glimmenden Holzofen und teilen uns Espresso in Plastikbechern. Draußen waren Gewitter und Nebel innerhalb von Minuten aufgezogen. Eine Woche zuvor lag hier noch ein Meter Schnee, wir waten deswegen in Schmelzwasser, es fließt in Bächen den Berg hinab.

Thomas der Kreuzritter hat Apfelbäckchen, trägt eine schwere weiße Lederschürze mit rotem Ritterkreuz und hält auf dem Berg die Stellung für arme Seelen wie uns. Er hat auch einen umständlichen, seltsamen und liebenswerten Gehilfen, er erinnert ein bisschen an Quasimodo. Eifrig und gewissenhaft stempelt er nach eingehender Überprüfung, ob es sich nicht um gefälschte Pässe handelt, unsere Pilgerhefte ab, damit wir den Nachweis haben, dass der Gipfel erklommen war.

Ich gebe eine Runde Schokokekse aus. Jemand hat noch einen Apfel. Wir erklären der Koreanerin, was ein Plumpsklo ist, Thomas rennt ihr ganz ritterlich mit einer Rolle Toilettenpapier durch den Regen hinterher, um es ihr zu bringen. Das Plumpsklo hat zur Talseite hin die Wand offen, damit man eine schöne Aussicht hat. «Did you have fun?», fragen wir sie, als sie zurück ist, und kugeln uns vor Lachen. Unbezahlbare Momente in einer Gemeinschaft mit Fremden.

Mir tut jetzt schon alles weh, aber der Tag fängt erst an.

KAPITEL 11

Der andere Schmerz

Der andere Schmerz kommt immer unvermittelt, heftig und allumfassend. Die Unverfügbarkeit herrscht erbarmungslos auch über diese Momente. Und dann bin ich dankbar, allein unterwegs zu sein. Unbeobachtet und niemandem Rechenschaft schuldig. Weine mit dem Regen, schimpfe lauthals und bin wütend. Wütend auf mich, auf andere, auf Gott, weil er mir nicht zuhört, nicht auf mich hört, obwohl er doch weiß, was ich will. Ich es ihm jetzt wirklich schon hundert Mal gesagt habe. Mindestens. Schlage meine Wanderstöcke in den Boden, bis ich Angst habe, dass sie brechen.

Roberto schleicht sich vorsichtig auf der anderen Straßenseite vorbei. Fragt vorsichtig, ob alles o.k. sei. Nichts ist o.k., aber ja, es ist o.k. Ich muss einfach nur rumschreien und wütend sein. Niemand verlangt hier eine Erklärung. Wir wissen alle, wie es ist. Roberto lässt mich in Ruhe weiterschimpfen und schaut, dass er Abstand gewinnt. Ich hab nichts Ernsthaftes, nur normalen Camino-Schmerz, und er ist ja sowieso viel schneller als ich zu Fuß unterwegs.

> Der andere Schmerz kommt immer unvermittelt, heftig und allumfassend. Die Unverfügbarkeit herrscht erbarmungslos auch über diese Momente.

Und manchmal ist es auch ganz anders. Du kannst nicht mehr, und doch geht es immer weiter. Immer wieder bekommen meine Füße unverhofft einen Schub, werden warm geflutet, und für Momente gehe ich wie auf Wattewolken. Es scheint für Gott einfacher zu sein, den Schmerz meiner Füße zu lindern als jenen, den ich in mir trage. Ist es seine Art zu sagen, dass er doch da ist und mir Rückenwind gibt, dann, wenn ich denke, ich kann wirklich nicht mehr?

Wo ist überhaupt meine persönliche Unerträglichkeits-Grenze? Wie oft habe ich schon gedacht, ich kann nicht mehr. Wirklich nicht. Und wie oft habe ich dennoch weitergemacht? Hier auf diesem Weg, und vorher auch schon. Ich stelle für mich fest, dass ich hart im Nehmen bin. Im Aushalten. Im Sich-Zusammenreißen. Es zieht sich wie ein Schema durch mein Leben.

Der Gedanke kommt, ob alle Frauen so sind? Ich tue mich schwer damit, mir selbst einen Anspruch auf Überforderung zu gönnen. Das Muttersein hatte über die Jahre sein Übriges beigesteuert und mir in den letzten beiden Jahrzehnten auch wenig Gelegenheit, allerdings auch nicht das Verlangen und den Willen gegeben, meine eigenen Bedürfnisse an erste Stelle zu setzen. Ich wurde gebraucht, und ich habe es gern getan. Andere waren immer wichtiger. Ja, wie bei so vielen Frauen, die ich kenne.

Und dann bin ich dankbar, allein unterwegs zu sein. Unbeobachtet und niemandem Rechenschaft schuldig. Weine mit dem Regen, schimpfe lauthals und bin wütend.

Erinnerungen an alten Schmerz kommen zurück und ziehen wie Szenen an mir vorbei. Als hätte sich eine Schleuse aufgetan, um alles einmal zu beweinen, wofür bisher einfach keine Zeit gewesen war. Wie ich als Kind in eine Glasscherbe trat und genäht werden musste. Rumänien in den 80er Jahren im Gebirge, weit und breit kein Krankenhaus, meine Eltern finden eine überforderte und einsame Krankenschwester in einer Notaufnahme. Mein Vater, Doktor der Tiermedizin, hat mehr Erfahrung als sie. Also näht er mich dann. Betäubungsmittel gibt es dort nicht. Ich war damals etwa sechs Jahre alt.

Der erste richtige Liebeskummer, an dem man noch zu sterben drohte. Der Schmerz des Verlassen-Seins. Jeder kennt ihn auf seine Weise. Die Geburten der Kinder, jedes Mal Schmerz bis an die Unerträglichkeitsgrenze. Dennoch habe ich es immer wieder getan und vier auf die Welt gebracht. Irgendwie unverbesserlich. In dem Fall: Gott sein Dank!

Alle Sorgen, alle Ängste und die Überforderungen der letzten Jahre – sie dürfen endlich den Raum haben, den sie schon lange verdient hätten.

Gedanken kommen und gehen ...

... drängen sich auf, verfliegen wieder ...

Ich lasse ihnen freien Lauf.

KAPITEL 12

Auf Abwegen

Gleich zweimal komme ich heute vom Weg ab und reite mich selbst mitten in eine völlig überflüssige und auch noch gefährliche Situation. Es erübrigt sich, Parallelen zu meinem Echtleben anzudenken. Ich hatte natürlich nicht auf Kreuzritter Thomas gehört. Frau Kelle weiß wieder alles besser und ist, als der Regen leicht nachlässt, von der angeratenen Autostraße wieder auf den Wanderpfad – oder das, was von ihm übrig war – zurück gewechselt.

Es gibt ja Menschen, die werden misstrauisch, wenn es lange Zeit keine Schilder mehr gibt, die den Weg anzeigen. Ich sträube mich gegen den Gedanken, hier und jetzt umzukehren, rechne im Kopf schon mal den Zusatzkilometer auf mein sowieso schon hohes Tagespensum, und außerdem müsste ich ja eingestehen, mich geirrt zu haben.

> Ich hatte natürlich nicht auf Kreuzritter Thomas gehört. Frau Kelle weiß wieder alles besser.

Zunächst lande ich am Zaun eines Hubschrauber-Landeplatzes mitten in der Graspampa. Endstation. Umkehren kommt als Option immer noch nicht infrage. Das geht doch sicher auch hier quer über das Feld, irgendwo muss ich ja wieder auf den Wanderweg oder die Autostraße stoßen. Theoretisch.

Praktisch irre ich jetzt schon eine halbe Stunde durch den starken Regen, nur um nicht zurückzukehren zu dem Punkt, von dem an alles schiefging. Mein Sturkopf fährt heute Extraschichten. Das Wetter ist Scheiße, meine Laune und mein Leben auch. Das Einzige, was ich heute noch kann, ist Recht behalten.

Die Signaljacken der Koreanerinnen tauchen kurz im Nebel am Horizont auf. Dort muss der Weg sein, die Mädels laufen mit GPS. Na gut, dann eben doch die Autostraße bergab. Jedenfalls bin ich nicht umgekehrt!

Mein Abenteuer-Ego hat noch nicht genug. Weiter unten wage ich erneut, auf den Wanderweg einzubiegen. Ja, manche müssen zweimal auf die heiße

Herdplatte fassen. Der Camino entpuppt sich hier nach den ersten hundert Metern als glitschige Geröllhalde bergab, der halbe Weg besteht aus fließendem Wasser. Meter für Meter steige ich vorsichtig ins Tal, gottfroh, meine Wanderstöcke dabei zu haben, um wackelige und wegrutschende Steine abzufedern. Wenn ich hier stürze, bleibt nur noch der ADAC Rettungs-Hubschrauber. Dafür bräuchte ich aber Handyempfang. Hier findet mich keiner, wenn ich mir ein Bein breche, schießt es mir durch den Kopf. Läuft noch jemand hinter mir, der mich finden würde? Oder sind die alle brav auf der Autostraße?

Ich mache Pause an einem großen Baum mit Bach, hadere mit mir selbst, weil ich längst im Tal sein könnte bei einem Café Americano, stattdessen wird mich das hier noch Stunden kosten, weil meine grandiose Idee einer Abkürzung sich zum Fiasko entwickelt. Die Schuhe sind komplett nass.

Umkehren geht nicht mehr, ich müsste den ganzen blöden Berg wieder hochklettern.

Und dann kommt der Franzose. Genau genommen kommt immer zuerst sein treuer Schäferhund, er sichert das Terrain. Mich kennt er schon und weiß, so als kleines Häufchen Elend am Wegrand bin ich wirklich nicht gefährlich. Das Tier würdigt mich keines Blickes. Herrchen folgt eine Minute später mit wortlosem Gruß, und ich bin sprachlos, denn er rennt. Er joggt, er tanzt den Berg hinab wie eine elegante Bergziege und demonstriert mir, wie man damit locker einen vorsichtigen Zweistunden-Abstieg auf den rutschigen Steinen auf fünfzehn Minuten reduziert.

Ich bleibe mit offenem Mund zurück. Das geht, ohne sich den Hals zu brechen? Soll ich wirklich? Und dann renne ich spontan samt Rucksack hinter ihm her ins Tal. Wenn man das Geröll nur für Bruchteile einer Sekunde berührt, kann man ja auch nicht darauf ausrutschen, und um das Schlimmste zu verhindern, habe ich immer noch die beiden Stöcke dabei. Vernunft aus, Adrenalin am Anschlag. Ich könnte Bäume ausrei-

> Vernunft aus, Adrenalin am Anschlag. Ich könnte Bäume ausreißen.

ßen. Frenchman rettet mir heute den Tag. Ist er auch ein Camino-Wunder? Oder einfach Teil dieser Sprache, die Gott mit mir spricht, wenn ich wieder einmal nicht mehr kann? Er hat mir eine Perspektive eröffnet, die ich alleine nicht gesehen, aber auch nie gewagt hätte.

Mein glorreiches Dasein als Wonder Woman ist mit dem Adrenalinspiegel bis zum Abend jäh zusammengebrochen zum üblichen Häufchen Elend, das in der Herberge ankommt. Heute ist wohl allgemeiner Kreuzrittertag; ich bin in Ponferrada, eine riesige Burg des Ritterordens aus dem 13. Jahrhundert dominiert die Stadt. Ich habe ein kleines Zimmer mit Marie alleine. Die Herberge ist streng katholisch. Männlein und Weiblein werden hübsch nach Zimmern getrennt, die Waschräume allerdings nicht. Mal eine neue Variante. Wäre schön gewesen, das zu wissen, bevor ich den behaarten Rücken in der Dusche treffe. Ein junger Spanier nähert sich im Gemeinschaftsraum, auch er ist hauptamtlich offenbar Ritter und behauptet jedenfalls, hier in der Herberge zu arbeiten. «Was machst du denn hier so?», frage ich. Er sagt, er massiere Pilgern die Füße. Ich weiß nicht, ob er mich einfach nur gerade anbaggert, aber warum nicht? Er verbraucht die halbe Tube von der teuren Hirschtalg-Creme. Ich haue ab, bevor er sich noch verloben will.

Wohin gehst du, Marie? Es war die falsche Frage. Sie geht weiter.

Marie ist noch wach. Sie ist 69, ich hatte gut geschätzt, Französin und seit sieben Jahren auf Achse. Dieses Jahr sei sie schon über zehntausend Kilometer gepilgert, erzählt sie stolz. Ich weiß jetzt auch, warum ihr Rucksack so groß ist. Sie besitzt einen ganzen Haushalt auf dem Rücken. Sogar Balsamico-Essig in einer kleinen Sprühflasche für meine Tomate. Ein anderes Fläschchen für Öl, Kräuter, Gewürze, sie hat einfach alles in diesem Rucksack.

Wohin gehst du, Marie? Es war die falsche Frage. Sie geht weiter. Nach einem langen Arbeitsleben in der Gastronomie hatte sie als Rentnerin beschlossen, loszugehen. Und einfach nie damit aufgehört. Hast du Familie? Ja. Und das war's. Sie sieht zufrieden aus. Und dem Bengel hinter der Theke heute Nachmittag hatte sie ordentlich die Leviten gelesen, als er mir zu meinem Americano auch ein paar frisch frittierte Churros mit Zucker dazugelegt hatte, ihr neben mir auf dem Barhocker aber nicht. «Ey, warum bekommt sie welche und ich nicht?» – «Sie ist jünger», grinste der Kerl.

Sie hat ihre Churros noch bekommen. Wenigstens hab ich hier auch mal gewonnen, wenn Marie mich schon jeden Tag erbarmungslos überholt. Ich mag jünger sein. Sie ist schneller.

MIT DER GESCHWINDIGKEIT
ANDERER SCHRITT ZU HALTEN,
BEKOMMT AUF DEM CAMINO
EINE GANZ REALE SUBSTANZ.
ES IST NICHT MEHR SPRICH-
WORT, SONDERN FÜHLBARER,
REALER SCHMERZ DURCH
ÜBERFORDERUNG.

*Jeder muss diesen Weg
auf seine Weise gehen.
Der Versuch, mich anzupassen,
hatte mich schon nach
wenigen Tagen erschöpft.*

KAPITEL 13

Kapitulation

Nach fünf Tagen dann die Niederlage. Ich muss eine Etappe mit dem Bus fahren, meine Füße können nicht mehr, die Knöchel sind geschwollen. Die ungewohnte Belastung, jeden Tag so viele Kilometer und so viele Stunden mit Gepäck zu gehen, fordert ihren Tribut.

Zwei Stunden tigere ich schlecht gelaunt in der Herberge herum, bis ich mich zu einer Entscheidung durchringen kann. Es fühlt sich an wie Aufgeben. Ich bin ein totaler Versager. Andere gehen hier vierzig Kilometer am Tag, und ich kann schon nach fünf Tagen nicht mehr. Mein ganzer hübscher Etappenplan bricht zusammen, alles ist einfach nur zum Kotzen. Ich bin frustriert über mich selbst. Obwohl ich mir selbst im Vorfeld die Bus-Absolution erteilt hatte. Rational war mir von Anfang an klar gewesen, dass es auch passieren kann, dass ich mich verletze oder Blasen bekomme. Und dass es vielleicht nötig sein wird, zwangsweise Pause zu machen, weil ich nicht mehr kann.

Rational hatte ich vorher alles durchdacht, mir das selbst als Option innerlich genehmigt. Dachte ich jedenfalls. In der Realität ist es dann alles nur Theorie. Denn praktisch sitze ich gereizt und verspannt herum und hasse es, dass ich nur zwei Wochen Zeit habe und keinen Tag, um innezuhalten. Beneide jene, die hier ohne Zeitlimit wandern. Ich habe einen Rückflug in zwei Wochen und muss rechtzeitig in Santiago ankommen. Ich kapituliere letztendlich vor den Umständen. Und vor mir selbst.

Und dann wird es zum Glücksfall. Denn ich «erkaufe» mir damit Zeit und finde unverhofft meinen Schritt. Höre auf, das Tempo der anderen zu laufen. Höre auf, Schritt zu halten, gehetzt zu sein. Oder besser gesagt: Mich selbst zu hetzen. Niemand hat mir ja Vorschriften gemacht oder mich angetrieben. Nur ich mich selbst. Allen anderen ist es wahrscheinlich völlig egal, wann ich wo ankomme oder auch nicht. Es gibt kein Soll zu erfüllen, keine Leistung zu vollbringen. Ich lerne endlich, mir meine Pausen zu nehmen, innezuhalten. Dann auszuruhen, wenn ich es brauche.

Ich wollte den Anschluss nicht verlieren, auch nicht die Gruppe jener losen Gefährten, die sich bereits nach wenigen Tagen gebildet hatte. Und jetzt halte ich nicht mehr Schritt – und fühle mich großartig dabei! Jeder muss diesen Weg auf seine Weise gehen. Der Versuch, mich anzupassen, hatte mich schon nach wenigen Tagen erschöpft.

Schritt halten: Es bestimmt von klein auf große Teile unseres Lebens in einer Gesellschaft, die sich dazu immer schneller verändert, immer schneller dreht und uns eine ständige Beschleunigung aufdrängt. Schon Kindern verlangen wir ab, Schritt zu halten. Als Erwachsene haben wir längst verlernt, dass es diese Individualität jedes einzelnen Menschen, von der man so viel hört, auch wirklich gibt und vor allem auch geben darf. Stattdessen folgen wir fremddefinierten Wachstumskurven; die einen im Kinderbett, die anderen im Quartalsbericht.

Und dann erschrecke ich schlagartig in der Frage: Wie vielen Menschen dränge ich eigentlich meinen Schritt auf, mein Tempo, meine Perspektive? Bin ich für andere auch eine Überforderung?

Ich für meinen Teil renne gerade ohne vernünftigen Grund einen Wanderweg. Mit der Geschwindigkeit anderer Schritt zu halten, bekommt auf dem Camino eine ganz reale Substanz. Es ist nicht mehr Sprichwort, sondern fühlbarer, realer Schmerz durch Überforderung. Meine Füße können ein Lied davon singen und waren also in Wahrheit viel klüger als ich. Vom ersten Tag an hatten sie gesagt: Du rennst zu schnell, Mädchen! Setz dich hin, dreh dich mal um, schau zurück, verweile. Genieße.

Ich musste gefühlt erst scheitern, erst einmal aufgeben, um die richtige Haltung zu meinem Weg zu erringen. Ich musste gewaltsam niedergerungen werden, schon wieder, um endlich nicht mehr mit den Füßen, sondern mit dem Herzen mein Tempo und meinen Camino zu gehen.

Und dann erschrecke ich schlagartig in der Frage: Wie vielen Menschen dränge ich eigentlich meinen Schritt auf, mein Tempo, meine Perspektive? Bin ich für andere auch eine Überforderung? Bin ich ihre Marie, die täglich vorbeirennt und im Überholen ruft: «Not so slow, faster!»?

Weil ich immer so schnell denke und schnell rede und manchmal vor Energie alles sprenge? Wer rennt mir hinterher? Wer versucht, hinter mir Schritt zu halten? Habe ich manche mit meinem Tempo hinter mir gelassen? Gebe ich jenen, die um mich sind, auch das Recht, ihr Tempo zu finden und zu halten, auch wenn es mich selbst in den Wahnsinn treibt?

Die Fragen hören gar nicht mehr auf. Ich hatte mir eingebildet, durch vier Kinder eine Menge an Geduld zwangsweise hinzugelernt zu haben. Weil sie so ein wunderbares Korrektiv sind, wenn man sich auf sie einlässt. Hetze ein Kind, und es wird gefühlt noch einmal viel langsamer. Gerade bin ich nicht mehr so sicher, ob ich tatsächlich so heroisch gelassen bin.

Mein eigener Körper wird unverfügbar. Und das erste Mal macht es mir keine Angst mehr, es ist gut. Er war auch vorher schon unverfügbar, aber die Illusion war da, ich könnte ihn überlisten. Ich muss meine Grenzen hinnehmen, meine Ohnmacht, den Kontrollverlust. Und das erste Mal ist es eine Erleichterung und nicht mehr eine Schmach. Da haben wir alles dabei, den federleichten Rucksack, die Sportunterwäsche, die teuren Wanderschuhe, die Stöcke. Alles von der Packliste, die wetterfeste Jacke und die Regenhose, die App mit den Herbergen. Und dann ereilt dich die Erfahrung, dass du, egal wie gut ausgerüstet, dennoch nichts vorbereiten und berechnen kannst. Und die Frage, ob sich Begegnung oder gar Erhellung und Erleuchtung einstellen, ist gerade nicht davon abhängig, wie wir ausgerüstet und wie gut wir vorbereitet sind. Es ist eher wie der Sprung am Bungee-Seil. Die Spannung ergibt sich, indem man sich seiner Angst stellt. Das Ungewisse wagt. Spring!

> Die Frage, ob sich Begegnung oder gar Erhellung und Erleuchtung einstellen, ist gerade nicht davon abhängig, wie wir ausgerüstet und wie gut wir vorbereitet sind.

Ich werde also morgen den Bus nehmen bis Sarria. In meinem Zimmer liegt Huyin aus Taiwan, sie kann auch nicht mehr, humpelt auf Socken. Wir tun uns als Team der Fußlahmen zusammen. Ich wäre wirklich gerne morgen die Etappe mit dem zweiten Tausender auf der Strecke gegangen. Einfach, um es zu tun. Um diesen Berg zu erklimmen. Es soll nicht sein, denn ich habe keinen Tag Zeit für Pause. Zwei Wochen sind einfach zu wenig, es ist ja noch schlimmer, als ich es ausgerechnet hatte. Faktisch müsste ich täglich 27 Kilometer gehen, weil ich real nicht vierzehn, sondern mit An- und Abreise nur zwölf Tage habe. Das ist einfach Wahnsinn. Die Fahrt nach Sarria spart mir fünfzig Kilometer, damit habe ich ab Dienstag noch genau 117 Kilometer bis Santiago. Täglich zwanzig Kilometer, und ich werde am zweiten Advent in der Abendmesse am Ziel Santiago sitzen. Das ist toll.

Man geht vielleicht alleine los auf diesem Weg. Aber man kommt ganz sicher nicht alleine an.

Die Nacht wird aufregend. Juan ruiniert seine Schuhe. Wie ein kleiner Junge war er den ganzen Tag übermütig in jede Matschpfütze gesprungen und hatte sie nun zum Trocknen ganz nah an den brennenden Eisenofen gestellt. Zu nah. Wir retten sie nur zufällig vor dem Schmelztod, weil es anfängt, seltsam zu riechen, aber die Sohle hat sich da bereits vorne in ein Dutzend Schichten aufgeblättert. Es sind seine einzigen Schuhe. Er hat auch kein Geld. Jetzt sehe ich ihn das erste Mal verzweifelt und nervös. Ich möchte ihm Geld geben, im Zweifel würde ich ihm einfach neue Schuhe kaufen. Aber wie sag ich es ihm? Will ihn nicht beschämen. Jens und ich stehen erst mal jeweils mit vollem Gewicht auf einem Schuh, um das heiße Gummi wieder zu verkleben. Hedi hat noch Klebeband. Die Allzweckwaffe gegen jede Zerstörung. Der Herbergsvater ist nicht aus der Ruhe zu bringen. Gib her, sagt er. Am nächsten Morgen sind sie geputzt und verklebt wie vom Schuhmacher.

Die Polizei ist allerdings auch hier, aber wegen Claudia. Die halbe Nacht hat man sie gesucht. Sie lispelt jetzt noch mehr als sonst. Es ist ihr hochgradig peinlich. Wir müssen sie trösten. Hundert Mal muss das Telefon in der Küche geklingelt haben, niemand hat es gehört. Sie hatte sich gestern telefonisch in einer kleinen Herberge angemeldet und dort nach Platz gefragt. Dann traf sie uns alle vorher und entschied spontan, auch hier zu bleiben. Es war ein großartiger Abend. Wir haben getrunken und gesungen. Getrommelt und Gitarre gespielt. In der anderen Herberge wurde die alte Herbergsmutter nervös. Eine junge Frau alleine unterwegs. Und kommt nicht an! Sie alarmiert die Polizei, die suchen die Wege der Etappe ab, telefonieren alle Herbergen durch. Es ist beruhigend zu wissen, dass hier niemand verloren geht.

«Willst du wirklich als Frau alleine los?» Die Frage hatte man mir nicht nur einmal gestellt. Es sind sehr viele Frauen allein auf diesem Weg, nicht nur ich und Claudia mit dem bezaubernden italienischen Lispeln. Genau genommen gehen fast alle allein. Aleksandra, Hedi, Marie und auch Huyin.

Marita aus Freiburg ist auch alleine. Ich treffe sie an der Bushaltestelle, wo wir sinnlos nun seit einer Stunde stehen. Der Bus kommt nicht. Spanien eben. «Dann gehe ich jetzt trampen», sagt Marita, sie ist Rentnerin, hat zwei Monate in einem christlichen Haus ehrenamtlich ausgeholfen auf dem Berg. Jetzt will sie die letzten hundert Kilometer nochmals gehen, aber den Berg aussparen und irgendwie nach Sarria gelangen. Also trampt sie in Spanien mit ihrem Rucksack. Und ich denke spontan: «So will ich auch sein, wenn ich alt bin.» Trampen in Spanien, was sonst?

Die singende Australierin ist auch allein, ebenso die Gazelle aus Frankreich und viele andere mehr. Man geht vielleicht alleine los auf diesem Weg. Aber man kommt ganz sicher nicht alleine an.

KAPITEL 14

Morgenglück

Was sind das nur für Pilgerstreber, die ohne Frühstück im Dunkeln morgens aufbrechen! So meine Gedanken in den ersten Tagen angesichts jener, die bereits aus der Tür waren, als ich noch schlaftrunken meine Morgenfüße beweine.

Doch ab Tag vier gehöre ich selbst zu ihnen. Und verstehe. Den unbezahlbaren Moment, wenn du bei Sonnenaufgang bereits oben auf dem ersten Berg bist. Wenn der Himmel pink und orange brennt und über der Nebelsuppe im Tal strahlt.

Ich stampfe im Stockdunkeln mutterseelenallein durch den Morgenfrost unheimlicher Wälder, in denen man ohne großen Aufwand «Scary Movie», Teil 5 bis 10, drehen könnte und die ich zu Hause nur unter Androhung von Gewalt alleine betreten hätte. Moosbehangene Tentakel hängen bis zum Boden. Stille. Und ich habe keine Angst. Wovor auch? Wo, wenn nicht hier, ist man in Gottes Hand?

Raureif glitzert, als die Sonne sich über die eisige Anhöhe ergießt. Unten im Tal liegt noch still der Nebel. Diffuses Licht in zartem Pastell. Es ist der perfekte Morgen an einem perfekten Tag.

Tagelang Sonnenschein in Galizien. Es ist ein Traum. Ein sonnendurchfluteter Hohlweg reiht sich an den anderen. Windschiefe Eichen, die ihre gelben und roten Äste wie schützende Arme über die Wege gelegt haben. Ich wate durch raschelndes Herbstlaub, fotografiere gefühlt jeden zweiten Baum, einfach weil er schön ist. Läute in einem winzigen Dorf eine Kirchenglocke, einfach nur, weil die Glockenschnur draußen hängt, renne schnell weg, bevor jemand kommt, und freue mich wie ein kleines Kind, dass mich niemand erwischt hat. Jeder hat hier fünf Katzen und drei Hunde; überall alte Steinmauern, moosbewachsen, baufällig, wunderbar säumen sie den Weg.

«You look so happy», sagt der Koreaner-Gefährte zweimal, als wir bei der ersten offenen Bar in der Sonne aufeinandertreffen und einen Café Americano trinken. Ja. Ich strahle wie ein Honigkuchenpferd. Pure Freude über das Hier und Jetzt. You look so happy, trotz Aufstehen um sieben, trotz steilem Aufstieg im Dunkeln, trotz zehn Kilometern Anstrengung. Die Sonne. Der Kaffee. Das Gar-nichts-Müssen.

Und obwohl ich weiß, dass jetzt langsam der Fußschmerz einsetzen wird, ist alles egal. Nichts und niemand kann mir in diesem Moment die gute Laune entreißen. Ich habe mein Tempo gefunden, meinen Rhythmus aus Gehen und Pausen. So, wie ich es brauche.

Es ist so wunderbar, dass der Druck weg ist, Kilometer abreißen zu müssen. Meine Füße tun immer noch weh, aber es ist egal. Es fühlt sich auch mit «nur» 22 Kilometern pro Tag immer noch schmerzhaft genug an, um meine Existenzberechtigung als echter Pilger nachzuweisen. Stille, wunderbare Friedhöfe. Gräber wie liebevolle kleine Häuschen strahlen im blanken Weiß unter stahlblauem Himmel. Ich mochte die Ruhe dieser Orte schon immer.

Die Friedhöfe sind auf. Die Kirchen sind zu. Heute fiel es mir wieder auf in Portomarín. Schon wieder vor verschlossener Türe gelandet, gestern in Sarria auch. Offensichtlich wird nur zu den Gottesdienstzeiten aufgemacht. Nun bin ich leider kein Orakel und in der Regel zur falschen Zeit am falschen Ort.

> «You look so happy», trotz Aufstehen um sieben, trotz steilem Aufstieg im Dunkeln, trotz zehn Kilometern Anstrengung. Die Sonne. Der Kaffee. Das Gar-nichts-Müssen.

Wie seltsam für einen Pilgerweg. Massenhaft Zielgruppe, Sinnsuchende, Gottsuchende auf dem Weg, aber weit und breit nur vereinzelte Mönche in den großen kirchlichen Herbergen, nirgendwo ein Priester, wenn man einen braucht. Die Kirchen abgeschlossen, nicht dass jemand in einem unbeobachteten Moment ein kleines bisschen Antwort mitgehen lässt. Fast könnte man meinen, man sei in Deutschland. Aber der Friedhof, der hat offen, und manchmal eine Bank.

Die Probleme meines Alltags zu Hause verschwimmen mit jedem weiteren Schritt. Die Gedanken haben sich deutlich entfernt, haben sich aufgelöst, wie der Morgennebel sich verflüchtigt, wenn die Sonne lange genug scheint. Meine Sonne scheint tagelang unermüdlich.

KAPITEL 15

Wenn es Nacht wird in der Herberge

Ich nenne ihn den Siebenmeilen-Stiefelmann. Er sieht aus wie ein Wikinger. Ein nordischer Hüne mit wilden, langen blonden Haaren. Wenn er mit seinen schwarzen Riesenstiefeln einen Schritt macht, brauch ich dafür drei. Tagelang gehen wir dieselben Etappen, kreuzen sich unsere Wege immer wieder. Er ist friedlich und stumm. Ein blonder Riese, der schweigsam und zielstrebig, fast eilig läuft. Taxiert mich im Vorbeigehen mit einem Blick, bei dem man nicht weiß, hat er heute Morgen zum Frühstück schon ein Tier mit blanken Händen erlegt?

Als Mann ist er spannend. Abends erzähle ich den Mädels von ihm. Er erinnert mich an Schweden letztes Jahr. In den Outdoor-Läden, die es dort gefühlt an jeder Ecke gibt, trifft man haufenweise diesen Typus Mann, vorzugsweise fachsimpelnd mit einem anderen Wikinger. Ich hatte sie beobachtet damals, wie sie riesige Messer vergleichen, mit denen man sicher riesige Bären töten kann, wie sie Angeln prüften, haufenweise Zeug kauften, dessen Sinn sich mir nicht erschloss, das in der Wildnis aber sicher sehr hilfreich ist. Ich hätte dort stundenlang sitzen können.

Wenn das mit dem Schreiben nichts wird auf Dauer, werde ich einfach Mädchenreisen in schwedische Outdoor-Läden organisieren. Wir packen dann Sektflaschen und Gläser ein und beobachten ganze Kerle in freier Wildbahn. Claudia und Huyin sind begeistert. Ich habe schon zwei potenzielle Kundinnen für die Butterfahrt der Frau ab vierzig.

Die Nacht verbringe ich dann mit Michael, dem Park-Ranger aus Maine, USA, alleine in einem 70-Betten-Saal. Wir trafen uns schon vorgestern in Portomarín, er hatte das Bett über mir. Wir sind die trödelnde Nachhut. Niemand außer uns beiden scheint hier noch auf der Strecke.

Der nächste belebte Ort ist nur noch drei Kilometer entfernt, für meine Füße sind es Lichtjahre. Jetzt hängen wir zu zweit fest in traumhafter Landschaft. Die Herberge liegt wunderbar an einem kleinen Fluss, überall geschlossene kleine Bars, im Sommer lagern hier wahrscheinlich Hunderte. Die Dame aus dem Kassenhäuschen trollt sich um 18 Uhr, und wir bleiben zu zweit mitten im Nirgendwo. Die Küche ist außer Betrieb, aber wir haben ja auch nichts zum Kochen dabei. Ich versuche Michael zu erklären, was «kneippen» bedeutet, und scheitere. Wir testen dennoch den Fluss an und hängen die Füße ins Wasser. So lange, bis man sie nicht mehr spürt. Ich denke, er hält uns Deutsche für nicht ganz zurechnungsfähig. Die Dusche hat Freibad-Charme und steht draußen im Garten. Es ist leicht skurril mit ihm alleine hier.

Er gibt den Gentleman und geht nochmal die zwei Kilometer bis zur Tankstelle auf dem Hügel, um etwas Essbares zu besorgen. Wir waschen unsere Wäsche zusammen wie ein altes Ehepaar. Teilen Brot, Käse, Salami und ein Sixpack Dosenbier. Er läuft zeitlich antizyklisch gegen den Rhythmus der anderen Pilger. Begegnung mit vielen ist nicht sein Ding. In dem Nationalpark, wo er arbeitet, fahren jeden Morgen Hunderte von Autos mit Touristen auf einen Hügel, um den Sonnenaufgang zu fotografieren, und die Besucher fahren dann im klimatisierten Wagen wieder runter. Alles Irre.

Michael schläft immer bis in die Puppen. Er ist seit drei Monaten auf dem Camino und hat noch nie einen Sonnenaufgang gesehen. Noch nie! Ich versuche ihn zu überreden, mit mir zusammen morgens um sieben aufzubrechen. Er ist skeptisch. Aber er weiß dank einem amerikanischen Feinschmecker-Reiseführer, wo man im nächsten Ort morgens angeblich die besten Churros auf dem gesamten Camino bekommt. Das ist doch mal ein Ziel.

Ich lasse Michael schlaftrunken zurück. Der Morgen wird bereits pink, ich muss raus in die kalte Morgenluft. Eine halbe Stunde später brennt der Himmel, ein unglaubliches Schauspiel. Die Churros sind wirklich erstklassig, warm und frisch. An der Bar sitzt auch schon Frenchman und wärmt sich auf. Schon wieder draußen geschlafen. Er löffelt Kakao und wartet, dass der chinesische Billigladen nebenan aufmacht, denn er braucht Socken.

Eine Nacht bin ich dann wirklich ganz alleine. Ich hatte mich getraut, ohne Spanischkenntnisse in der kleinen Herberge vorab anzurufen, um sicherzugehen, dass sie aufhat. Aber als ich ankomme, ist außer mir kein Pilger zu sehen.

Als ich um 20 Uhr immer noch die Einzige bin, bekomme ich den Hausschlüssel überreicht. «Mach ihn unter den Blumentopf morgen früh», sagt mein italienischer Gastgeber Marcellino. Manche Dinge sind weltweit gleich. Also bin ich jetzt die Hausherrin über acht Stockbetten unter einem Dachstuhl.

Ein brennender Gasofen mit Kamin-Optik verbreitet Skihütten-Feeling. Alles ist so liebevoll eingerichtet und durchdacht. Alles, was sonst in den spartanisch-praktischen Herbergen fehlt, ist da. Stühle neben jedem Bett, damit auch jene, die ein unteres Bett haben, irgendwo aufrecht sitzen können, ohne sich ständig den Kopf zu stoßen. Welch ein Luxus. Jedes Bett hat eigene Kleiderbügel, um die nassen Sachen aufzuhängen, und ein Verlängerungskabel zur Steckdose, um das Handy über Nacht zu laden. Marcellino hat rundum kleine Gardinen genäht, die man zuziehen kann am unteren Stockbett, um so ein bisschen Privatsphäre im Schlafsaal zu bekommen. Und es gibt sogar einen Föhn, obwohl Marcellino selbst gar keine Haare mehr hat.

Ich gönne mir heute im Gasthof das Pilger-Menü, das es hier überall gibt. Meistens zwei Gänge, Pasta und dann Nachtisch. Ich ergattere unfassbar leckeren Fisch, und dazu gibt eine ganze (!) Flasche Wein. Wer soll das trinken? Und alles für zehn Euro. Unschlagbar!

Am Tisch direkt neben mir sitzt der Wikinger und schaufelt Berge von Spaghetti in sich rein. Wir verbringen als einzige Gäste im Raum eine gemeinsame Stunde, ohne miteinander zu sprechen. Ein bisschen ist mir nachher unheimlich im menschenleeren Ort auf dem Weg in meine einsame Herberge.

Ich stromere durch das Häuschen. Jemand hat eine kleine Hüfttasche an einem Bett vergessen, ich schaue rein: eine Handvoll Kondome, die mich leicht desillusioniert zurücklassen. Na gut, es sind hier nicht alle nur auf der Suche nach Gott. Und vielleicht ist es doch ganz gut, dass der Siebenmeilen-Stiefelmann offenbar einen anderen Schlafplatz gefunden hat als das Bett neben meinem flackernden Ofenlicht.

«Bei mir ist ein Raum,
da kannst du auf
einem Felsen stehen.»

2. Mose 33,21

KAPITEL 16

Offenbarung

«Und? Hast du auch Gott getroffen?», fragt mich ein Freund, als ich zurück bin. Die Erwartungshaltung an eine göttliche Offenbarung auf diesem Weg wird einem nach der Rückkehr von allen entgegengebracht. Das Ganze muss ja einen Sinn haben, man geht ja nicht umsonst dreihundert Kilometer. Nicht einfach so. Eine kleine Erscheinung wäre doch das Mindeste. Kann man das nicht irgendwo buchen? All inclusive? Einmal Gott und zurück mit Begegnungsgarantie. Eine echte Marktlücke.

> Kann man das nicht irgendwo buchen? All inclusive? Einmal Gott und zurück mit Begegnungsgarantie. Eine echte Marktlücke.

Wie oft hatte ich vorher von anderen gehört, dass Gott zu ihnen gesprochen habe. Sie waren für mich alle eher ein Fall für den Arzt. Gott sprach also zu allen, das klang wie nach einem schlechten Moses-Film in schwarz-weiß. Niemand konnte mir erklären, wie das ist, wie es sich anfühlt, wie es sein würde. Wie soll man die Ankunft des Herrn also bemerken, wenn man nicht weiß, in welcher Gestalt er kommt? Stimmen im Kopf?

Heute weiß ich zumindest, dass man das Unerwartete erwarten sollte. Jeder sieht ihn anders, und ich hatte ihn jedenfalls jahrelang nicht erkannt. Obwohl er sich teilweise penetrant in meinen Weg gestellt hatte.

Ja, hast du nun Gott getroffen? Dafür hätte ich nicht extra herkommen müssen auf diesen Weg. Auf dem Camino ist es nur einfacher, hier war mehr Zeit und auch mehr Raum, damit wir reden. Unser erster echter Zusammenprall liegt allerdings schon ein paar Jahre zurück, und seither läuft er manchmal, wenn ich gehe, immer links von mir. Lässt sich von mir anschreien, und manchmal legt er tröstend seinen Arm um mich, immer schön mit Abstand, falls ich um mich schlage, denn das kann ich gut, wenn man mir zu nahe kommt, obwohl ich doch gerade streiten will.

Damals hatte sich eine andere Zeile des Vaterunsers gerade in einer Wiederholungsschleife in meinen Kopf gebrannt: «Unser tägliches Brot gib uns heute.» Täglich und heute. Immer wieder dieses täglich und heute. Es war damals meine zentrale Sorge gewesen und diese Zeile der blanke Hohn. Wie sicher ich unserer Familie das tägliche Brot? Nicht nur heute, sondern besser auch gleich morgen und übermorgen und bis nächstes Jahr. Ach was, bis zur Rente, bitte! Ich wollte es sicher haben und wusste beim besten Willen nicht, wie.

«Bei mir ist ein Raum, da kannst du auf einem Felsen stehen», die Zeile aus dem zweiten Buch Mose. Es war vielleicht die entscheidendste Zeile meines Lebens, und sie hatte große Mühe, mich zu erreichen. Man kann nicht nur mit den Füßen statt mit dem Herzen gehen, sondern auch mit dem Kopf statt mit dem Herzen glauben. Monatelang stand diese Zeile als Karte auf meinem Schreibtisch. Und auf drei weiteren Wegen kam sie nahezu geballt und von allen Seiten mitten in meine Krise geworfen. Ich hatte sie genauso lange nicht wahrgenommen. Mein Herz übersah sie täglich. Genauso gut hätte man mich morgens mit dem Megafon mit dieser Zeile wecken können, ich hätte sie trotzdem nicht verstanden.

Doch dann gab es diesen unverfügbaren Moment, den man nicht erzwingen kann, der einen einfach ereilt. Der Moment, in dem mir alles, wirklich alles, sprichwörtlich wie Schuppen von den Augen fiel.

Wie in einem Film liefen im Sekundentakt Bilder und Erinnerungen vor mir ab. Menschen, Zitate, Liedzeilen, Schlag auf Schlag, ein Blitzlichtgewitter, eins nach dem anderen, hör endlich zu, schau endlich hin, und am Ende die erschrockene Erkenntnis:

Er spricht schon seit über zwei Jahrzehnten mit mir, und ich habe es nicht erkannt. War zu voll mit anderem, zu gehetzt, zu beschäftigt gewesen und auch zu ignorant. Und dabei hatte er sich wirklich raffiniert angestellt, um mich dort zu finden, wo ich gerne bin, eine Sprache gewählt, die mir entspricht. Ich musste erst in Trümmern liegen. Meine Schale leer und zerstört, um bereit zu sein, mich finden zu lassen. Ich musste die Kontrolle verlieren, kapitulieren.

> Man kann nicht nur mit den Füßen statt mit dem Herzen gehen, sondern auch mit dem Kopf statt mit dem Herzen glauben.

Er hat für mich gesorgt. Täglich und heute. Und ich habe die Zuversicht gewonnen, dass ich nicht nach morgen und übermorgen und nächstem Jahr fragen muss. Denn morgen ist wieder ein «Heute», und er hält dieses Versprechen gegen jede Vernunft, jede Statistik und jede Erwartung nun schon seit Jahren.

Ich kann also keine Erscheinung und kein Wunder vorweisen; ich habe aber

Menschen getroffen. Es waren oft genau die richtigen zur richtigen Zeit. Heißt es nicht, wo zwei oder drei sich in seinem Namen versammeln, da sei er mitten unter ihnen? Wo, wenn nicht mitten unter unserem bunten Haufen, sollte er denn gewesen sein, wenn sogar mehr als zwei oder drei über Hunderte von Kilometern nach seinem Namen suchen?

Wir waren Gefährten, alle auf demselben Weg, auch wenn man sich zeitweise aus den Augen verliert. Du musst hier keinem etwas erklären; ein unausgesprochenes gegenseitiges Verstehen liegt über diesem Weg. Ich höre Lebensgeschichten und bin überrascht von mir selbst, wie viel ich wildfremden Menschen von mir erzähle, weil es guttut, es zu teilen. Ich höre die Geschichten von anderen, wie sie aus ihnen manchmal genauso heraussprudeln wie aus mir. Weil Dinge endlich gesagt werden müssen, in Worte gefasst sein wollen.

Manche Gefährten bleiben stumm.

Auch das Schweigen hat hier seinen Raum.

Manche gehen mir auch wahnsinnig auf die Nerven. So wie der lautstarke spanische Männertrupp. Immer sind sie laut. In der Herberge, auf dem Weg, überall. Ich lasse mich absichtlich zurückfallen oder renne voraus, nur um dem Geräuschpegel aus dem Weg zu gehen. Nicht einmal ihr Gepäck tragen sie selbst. Ich nenne sie spöttisch die «Luxus-Pilger auf der Strecke». Sie reisen mit Koffern, die jeden Tag von einem Taxi zur nächsten Etappe gefahren werden. «Aber immerhin besser, sie sind hier, als wenn sie zum Saufen an den Ballermann fliegen», kommt mir spontan in den Sinn.

Und dann schäme ich mich doch ein bisschen für diese Wertung. Eine kleine Übung in Demut. Was geht es mich schon an, wie einer läuft, warum, mit wem und mit wie viel Gepäck? Muss man schleppen und darben, muss es mühsam und entbehrungsreich sein, um als echt zu gelten? Ist es nicht schön, dass sie doch alle hier sind? Jeder so, wie er kann. Und wie er will. Und wie es für ihn gut ist. Ich war nicht gleich so weit, um das zu verstehen. Lief immer noch mit den Füßen und mit dem Kopf und nicht mit dem Herzen – und das sollten die anderen doch gefälligst auch tun.

Roberto aus Brasilien reist auch im Luxus-Modus. Er stammt aus Rio de Janeiro, sein Haus steht direkt unterhalb der riesigen Jesus-Statue, sein aktueller Wohnsitz ist London, und er ist Geschäftsführer eines weltweiten Unternehmens. Er läuft mit leichtem Gepäck, der Rest wird vorweg gefahren in das bereits vorgebuchte anständige Hotel. Oh nein, Herbergen, da hat er wirklich gar keine Lust drauf. Die schnarchen alle, sagt Roberto, und dann noch die Bettwanzen! «Tagsüber bin ich Mönch, abends wieder CEO», lacht er auf unseren gemeinsamen Kilometern.

Ich musste erst in Trümmern liegen.
Meine Schale leer und zerstört,
um bereit zu sein, mich finden
zu lassen. Ich musste die Kontrolle
verlieren, kapitulieren. ER hat für
mich gesorgt. Täglich und heute.
Und ich habe die Zuversicht
gewonnen, dass ich nicht nach
morgen und übermorgen und
nächstem Jahr fragen muss.

Er hat ein bisschen auf mich aufgepasst, glaube ich, an diesem Tag, an dem ich so schlecht drauf war. War immer wieder aufgetaucht, mitgegangen. Er setzt seinen Weg gerade erst fort, musste vor einigen Monaten ganz abbrechen. Damals war er mit seiner Frau zusammen hier unterwegs, bis sie auf dem Weg ernsthaft erkrankte und sie nach Hause mussten. Jetzt bringt er den Weg für sie beide allein zu Ende. Auf seine Weise.

Das nette australische Paar in den Fünfzigern macht es genauso. Sie laufen die letzten hundert Kilometer ab Sarria, das Gepäck ist immer schon da. Katholische Australier, die sich einen Lebenstraum erfüllen und die Gelegenheit einer Hochzeit in Europa nutzen, um noch ein paar Tage dranzuhängen, wenn man schon mal da ist. Sie haben sofort Feuer gefangen, wollen wiederkommen, um den Weg auch einmal ganz zu gehen.

Andere gehen, um nicht zurückzukehren. Juan erzählt mir, dass er am Vortag seine sechsjährige Tochter vergessen hatte, bis ihn eine Handy-Nachricht von zu Hause wieder in die Realität holte. Er ist seit zwei Monaten schon auf Wanderschaft. Hat alles verkauft und verschenkt, was er besitzt. Alles hinter sich gelassen. Das «Ich bin dann mal weg», das Hape Kerkeling vor Jahren als Standardsatz für diesen Weg prägte, ist hier sehr lebendig. «Manchmal denke ich, ich sollte einfach weiterlaufen und nicht zurückkehren», hat ein Freund in diesem Jahr schon zweimal zu mir gesagt. Ich hatte Tage auf dieser Wanderschaft, da verstand ich die verführerische Kraft dieses Gedankens.

> Du musst hier keinem etwas erklären; ein unausgesprochenes gegenseitiges Verstehen liegt über diesem Weg. Manche Gefährten bleiben stumm. Auch das Schweigen hat hier seinen Raum.

Wie an dem Morgen, als ich in Santiago aufwache, nicht weiß, wohin mit mir selbst, keine Aufgabe mehr habe und kein Ziel. Zwei Wochen lang hatte ich morgens meinen Rucksack gepackt und bin losgelaufen. Es hatte etwas Beruhigendes, wenn das Gehen gut und genug ist. Wenn nichts sonst zu lösen, nichts zu beantworten, nichts zu entscheiden ist. Weitergehen und nicht stehen bleiben als Tagesziel.

Nirgendwo wird das Sprichwort, der Weg sei das Ziel, realer als hier. Weitergehen, immer weiter, und nicht zurückkehren. So wie Juan, der seine Familie vergessen hat. Er zeigt mir das Video mit der kleinen Zaubermaus, die in die Kamera fragt, wann Papa wiederkommt. «Geh nach Hause, und sag ihr bloß niemals, dass du sie vergessen hast. Sie würde es nicht verstehen», bricht es spontan aus mir heraus. Das Muttertier in mir will ihn schütteln. «Geh nach Hause, Juan. Ist es nicht schön, dass du immer noch eines hast? Dass jemand auf dich wartet?» Ich musste es genau so sagen, aber ich weiß nicht, wo er heute ist.

Immer weiter gehen. Wie Marie, die seit über sieben Jahren zu Fuß unterwegs ist und nicht zurückkehrt. Hat sie noch ein Zuhause? Wie das deutsche Paar, das von Belgien bis nach Santiago de Compostela durchgelaufen ist und jetzt noch bis nach Sevilla weitermarschieren will. Wie der junge Berliner, der täglich wie ein Irrer fünfzig Kilometer gerannt ist. Er konnte sich an keinen einzigen Ort erinnern, an welchem er war auf der Strecke, die wir doch geteilt hatten. Er läuft in einem Kräftemessen gegen sich selbst. Wie Huyin, die junge Krankenschwester aus Taiwan, die bereits die Mongolei und den Balkan durchquert hat und, wie sie sagt, nie mehr zurück nach Hause will. Wie der liebe Jens aus dem Schwarzwald, der am liebsten sofort noch ein drittes Mal loswill. Wie Frenchman, der schweigsame Franzose, der die letzten sechs Nächte bei Minusgraden draußen geschlafen hat neben seinem Hund, weil er sich dort offenbar wohler fühlt als drinnen mit den Menschen. Auf den Hund scheint jedenfalls Verlass.

> Es hatte etwas Beruhigendes, wenn das Gehen gut und genug ist. Wenn nichts sonst zu lösen, nichts zu beantworten, nichts zu entscheiden ist. Weitergehen und nicht stehen bleiben als Tagesziel.

Es hat etwas von Freiheit, aber auch etwas von Davonlaufen. Jeder hat seine Gründe, den Camino zu gehen. Jeder hat Ballast im Rucksack. Vielleicht sind die steinigen Geröllhänge in Wahrheit die emotionalen Schuttberge, die Millionen Pilger hier in den letzten Jahrhunderten mitgebracht und abgeladen haben.

ES HAT ETWAS VON FREIHEIT,
ABER AUCH ETWAS VON DAVON-
LAUFEN. JEDER HAT SEINE GRÜNDE,
DEN CAMINO ZU GEHEN. JEDER HAT
BALLAST IM RUCKSACK.

VIELLEICHT SIND DIE STEINIGEN
GERÖLLHÄNGE IN WAHRHEIT
DIE EMOTIONALEN SCHUTT-
BERGE, DIE MILLIONEN PILGER
HIER IN DEN LETZTEN JAHR-
HUNDERTEN MITGEBRACHT
UND ABGELADEN HABEN.

KAPITEL 17

Ankommen

Parallel zu meiner Stimmung hat sich auch das Wetter an meinem letzten Wandertag verdüstert. Es regnet die letzten zwanzig Kilometer meines Marsches. Wie eine dunkle Wolke hängt mein Echtleben als Bedrohung am Himmel, es wird mich einholen und verschlingen. Ich will gar nicht ankommen. Wofür? Und dann? Alles Ungelöste ist immer noch da. Wieder da. Es geht ja nicht weg.

Ich mache Pausen, obwohl ich keine brauche. Vermeidungsstrategie. Ausweichen. Das Ankommen ist plötzlich keine Verheißung mehr, sondern eine Bedrohung. Das Ende eines Weges.

Und dann stehe ich am Ziel auf dem verregneten Platz vor der Kathedrale von Santiago de Compostela und fühle mich das erste Mal abgrundtief einsam. Keiner meiner Weggefährten ist da, niemand, mit dem ich mich freuen kann. Sehe Gruppen von Pilgern, die wie auf einer Zielgeraden auf dem großen Platz ankommen, jubeln, Fotos machen. Es hat so gar nichts mit mir zu tun in diesem Moment.

Ich stromere allein durch die Stadt und hole mir erst einmal meine offizielle Pilgerurkunde ab.

Kämpfe erfolglos gegen die Tränen. Alles ist sinnfrei und leer. Nicht einmal die Kathedrale ist geöffnet. Aufwendige Renovierungsarbeiten sind im Gang, um die Kirche rechtzeitig zum Heiligen Jahr, das der Papst hier für 2020 ausgerufen hat, vorzubereiten. Keiner ahnt zu diesem Zeitpunkt, dass mit Corona auch der Camino für Monate geschlossen bleiben wird. Auch ich weiß damals nicht, dass ich mit Dezember 2019 gerade noch Glück hatte, überhaupt hier sein

> Das Ankommen ist plötzlich keine Verheißung mehr, sondern eine Bedrohung. Das Ende eines Weges.

zu können. Ich bekomme also keine gigantische Ankunftsmesse mit diesem riesigen Weihrauchfass, das hier sonst an einem 66 Meter langen Seil dramatisch durch das Querschiff des Innenraums geschwungen wird. Heute klappt auch gar nichts. Statt Gottes Liebe herrscht hier Murphys Gesetz.

Suche gegen Abend die Kirche für die Pilgermesse und entdecke meinen Franzosen in einem Hauseingang auf den Treppenstufen. Der Hund schläft, die Whiskey-Flasche ist halb leer. Einen Moment sitzen wir schweigend beieinander auf den kalten Stufen im Regen. «Komm mit in den Gottesdienst», sage ich zu Frenchman, «hol dir deinen Segen.» Er wehrt ab; er sei Christ, aber nicht katholisch. Er glaube nicht an die «unbefleckte Empfängnis».

Erst später realisiere ich, dass morgen nicht nur der zweite Advent, sondern auch genau der 8. Dezember und somit tatsächlich das offizielle katholische Hochfest «Mariä Empfängnis» ist. Frenchman, der Nicht-Katholik, wusste da mehr als ich. Er steckt voller Rätsel. «Das ist egal», sage ich also, weil es stimmt, «hier sind alle willkommen.» Doch er bleibt lieber im Hauseingang mit seinem treuen Hund.

> Vielleicht ist es das, was man hier lernt, dass es ein Weg bleibt. Dass man zu Lebzeiten nie ankommt, weil der Weg nie zu Ende geht. Und das ist frustrierend und zugleich hoffnungsvoll.

Die Stadt ist schon auf Weihnachten eingestellt. Oh ja, es ist ja bereits Advent, die Erinnerung kommt zurück. Das Lichtermeer ist schön, die Kirche unfassbar kitschig und doch großartig beleuchtet. Treffe andere Weggefährten in der Ankunftsmesse für die Pilger wieder. Die Australier, die mir spontan um den Hals fallen: «God bless you.» Michael, den Park-Ranger, und Jens aus dem Schwarzwald, der auch noch Lorenzo aus Italien im Schlepptau hat.

Es ist schön, alle beisammen in dieser Kirche zu haben. Wir sind doch Gefährten. Keinen lässt es kalt, auch wenn wir kein Wort verstehen, weil die Messe auf Spanisch gelesen wird. Das Ritual trägt durch. Ich muss jetzt alles nochmal hier hinwerfen, vielleicht auch, um es einfach hier zu lassen. Alles Unfertige.

Vielleicht ist es das, was man hier lernt, dass es ein Weg bleibt. Dass man zu Lebzeiten nie ankommt, weil der Weg nie zu Ende geht. Und das ist frustrie-

rend und zugleich hoffnungsvoll. Das letzte Wort ist in vielem nicht gesprochen, und das ist auch gut und schön so. «Ultreia!», sagt mir Jens, du musst weitergehen! Es ist der alte Segensgruß unter Pilgern. Ultreia, es bedeutet so viel wie «Geh darüber hinaus!».

Ich kaufe mir dann tatsächlich einen Pilgerring mit diesem mittelalterlichen Schriftzug. Als Erinnerung für später, wenn ich zu Hause in einer Sackgasse landen sollte. Damit ich nicht vergesse, weiterzulaufen, weiter und weiter und darüber hinaus. «Bis zur Unendlichkeit und noch viel weiter!», hätte das meine kleine Tochter wohl formuliert als geklautes Filmzitat von Buzz Lightyear, dem kleinen Spielzeugastronauten, der sich unerschütterlich einbildet, wirklich fliegen zu können. Vielleicht kann ich ja auch fliegen, ich muss nur fest dran glauben. Den Ring trage ich bis heute.

> «Ultreia!», sagt mir Jens, du musst weitergehen! Es ist der alte Segensgruß unter Pilgern. Ultreia, es bedeutet so viel wie «Geh darüber hinaus!».

Es braucht noch einen ganzen Tag, bis ich innerlich ankomme und damit Frieden schließe.

Am Sonntagmorgen ergattere ich dann doch eine Messe in der Kathedrale. Eine kleine Seitenkapelle hat offen, es sind fast nur Einheimische da. Ich werde sofort als fremd erkannt und bin doch willkommen. Ein paar Mütterchen rücken zusammen, damit ich auch noch Platz habe. Ein Priester wartet geduldig im Beichtstuhl.

Ich hatte den Hund schon draußen gesehen, er bewachte den Rucksack. Nun ist Frenchman also doch da in der letzten Reihe. Er bleibt nicht lange, aber einen Moment lang ist er doch gekommen. Den ganzen Tag laufen wir uns danach zufällig mehrfach über den Weg. Rütteln an denselben abgeschlossenen Kirchentüren. Wir scheinen dieselbe planlose Route zu haben. Beim vierten Mal spreche ich ihn dann doch an. «Wohin wirst du jetzt gehen?», frage ich ihn zum Abschied. – «Vielleicht weiter nach Fatima. Oder nach Hause, ich weiß nicht.» Noch einer, der nicht ankommen will. Ich bekomme ein erstes zaghaftes Lächeln von meinem Franzosen.

Ich finde auch meine anderen Weggefährten wieder in den Gassen der Altstadt. Lispel-Claudia, Juan, die singende Australierin, eine Horde Engländer und ein paar Latino-Jungs gesellen sich zu uns. Wir beschließen spontan, gemeinsam mächtig zu feiern; wir lachen, singen die Sonne herbei. Es funktioniert! Der Himmel reißt auf. Wir freuen uns gemeinsam über den Weg, den wir alle geschafft haben. Es ist befreiend. Ein guter Abschluss.

Sonntagabend am zweiten Advent. Ich liege im Dunkeln auf dem Rücken auf den kalten Steinen vor der Kathedrale und betrachte, den Kopf voran, von unten her die Fassade. In meinem Reiseführer hatte gestanden, dass das eine Pilgertradition und eine sensationelle Optik sei. Ich bin betrunken genug, um es wirklich zu tun. «You are kind of mad», lacht Michael, der Park-Ranger, der mich dort findet, bevor er sich danebenlegt und wir zusammen die beeindruckende Kulisse rücklings liegend von unten anstarren.

> Jetzt kann ich wieder alleine sein und mich daran freuen.

Ich muss zugeben, es ist ganz schön abgefahren, aber mir wird leicht schwindelig. «I saw the sunrise that morning», sagt Michael schließlich. Er hat es also doch geschafft an jenem Morgen und endlich einen Sonnenaufgang live gesehen, statt ihn wie all die Monate zuvor zu verpennen. «It was pink!» Ja, das war er.

Menschen laufen vorbei, niemand stört sich hier an irren Pilgern, die seltsame Dinge tun. Stromere danach wieder durch die Stadt, gehe nicht mehr mit den anderen tanzen. Es ist gut – genau so, wie es gerade ist. Jetzt kann ich wieder alleine sein und mich daran freuen. Trinke ein Gute-Nacht-Bier in einer Bar und gehe zufrieden schlafen.

Am Flughafen vor der Heimreise treffe ich den Wikinger. Wieder lässt er sich am Platz neben mir nieder. Und so sitzen wir an Nachbartischen schweigsam nebeneinander und essen. Geredet haben wir nie ein einziges Wort, und doch gehörte er zu meinen Gefährten dazu.

«Aber bist du denn nun Gott begegnet auf deinem Weg?» Die Frage des Freundes blieb noch unbeantwortet. Ich bin vor allem mir selbst begegnet. Das allein war schon anstrengend genug. Ein paar Gefährten haben geholfen, meinen Ballast zu tragen. Einer von ihnen lief manchmal links von mir.

Birgit Kelle, Jahrgang 1975, publiziert als freie Journalistin und Kolumnistin für verschiedene Print- und Onlinemedien in Deutschland, Österreich und der Schweiz. Sie ist gefragte Expertin für Frauen-, Familien- und Genderpolitik und Autorin diverser Bestseller wie der Feminismus-Kritik «Dann mach doch die Bluse zu», der Realsatire «GENDERGAGA», der Streitschrift «MUTTERTIER. Eine Ansage», der Gesellschaftsanalyse «NOCH NORMAL? – Das lässt sich gendern!» sowie Co-Autorin zahlreicher anderer Bücher.

Sie wurde 1975 in Siebenbürgen, Rumänien, geboren, ist begeisterte Mutter von vier Kindern und neigt dazu, ihre Gedanken frei auszusprechen. Seit ein paar Jahren hat sie das Pilgern entdeckt.

WWW.VOLLEKELLE.DE

Bildnachweise:
Alle Fotos, soweit nicht anders angegeben: Birgit Kelle || Vorsatz: ©stock.adobe.com/Enrique del Barrio || S. 2, 38: Jon Tyson on unsplash.com || S. 11, 16, 21, 26, 34, 42, 44, 48, 70, 79, 80, 84, 90, 98, 103, 108 – Elemente: Anja Kaiser on creativemarket.com || S. 16 „Camino": © stock.adobe.com/raland || S. 18: David Monje on unsplash.com || S. 22: © stock.adobe.com/Lora Sutyagina || S. 28, 54, 64, 88, 92, 96, 100, 110, 112 Vorlage Collage: © stock.adobe.com/More Profesh || S. 58: © stock.adobe.com/mimadeo|| S. 104 Vorlage: © stock.adobe.com/Medialoot || S. 107: Franco Antonio Giovanella on unsplash.com|| S. 116: © Kerstin Pukall, Hamburg